대당
제국의
탄생

대당
제국의
탄생

위대한 동아시아 시대를 연 탁발선비 천년기행

【 윤태옥 지음 】

청아출판사

길 위에서 역사를 이야기하다

　이 글은 중국 대륙에 대당제국(大唐帝國)을 세운 선비족 탁발부(鮮卑族 拓跋部, 이하 탁발선비) 천년의 역사를 더듬어 간 여행기이다. 2014년 가을, 33일 동안 북방 다싱안링 산맥 알선동에서 후룬베이얼 초원을 거쳐 중원 뤄양과 시안, 다시 베이징까지 장장 9,300km를 누빈 답사 여행의 기록이다. 형식으로 보면 여행기이지만, 그 내용은 탁발선비 천년 역사의 개요라 할 수 있다.

　한낱 여행객에 불과한 내가 천년이라는 거대한 역사에 대해 개략의 글이라도 감히 쓰게 된 것은 나름대로 사연이 있다. 제3자가 보면 허름한 찻잔일 수 있겠지만, 필자에게는 묵직한 너울성 파도였고, 때로는 태풍에 가까웠다. 그것은 무식과 편견에 대한 자각이었고, 인간과 역사에 대해 실눈이나마 떠가는 흥분이었다고 할까.

　오십을 훌쩍 넘기는 동안 내가 역사와 인간에 대해 얼마나 무지하게 살아왔는지 최근 10년간 수없이 자각하곤 했다. 지식의 부족은 말할 나위도 없고, 그 졸렬한 편견에 혼자서도 낯 뜨거울 정도였다.

흉노는 흉(兇)이란 글자만으로도 흉했다. 선비는 조선 시대 선비의 선조가 아닐까 갸우뚱했던 적도 있지만, 누군가에게 물어서라도 확인해 볼 생각조차 않았던 것이다. 거란은 거지 떼로 보였고, 여진은 계집녀(女)를 머리에 붙인 야만스러운 오랑캐로 보였다.

그러는 한편 '북방'은 내게는 신기루 같은 존재였다. 신비하기도 하고 아스라하기도 하며 기묘하기도 했다. 현실도 아니고 환상도 아닌 듯했다. 내 인식의 세계에서도 변두리 밖 상상의 방에나 존재하는 것이었다. 상상의 방에서도 내 키보다 조금 높은 공간 그러나 내 손이 닿지 않는 거리에 고요하게 떠 있기만 했다. 다가오지도 않고 멀어지지도 않으면서 천천히 공중을 유영하는 것 같았다.

초등학교 시절 교사(校舍) 벽면에는 어린 나에게 매우 큰 세계 지도가 걸려 있었다. 세계를 파랑과 빨강, 두 가지 색으로만 구분한 지도였다. 공산주의 대 자유민주주의라는 구도를 이처럼 간결하고 강렬하게 제시한 것은 없었다. 나는 그 지도에서 서쪽이나 북쪽으로는 갈 수 없었다. 그 방향으로 가면 온통 빨강이었기 때문이다. 이상한 연

상도 작동했다. 신라와 백제는 우리 역사로서 아무런 의심도 없었지만, 고구려와 만주 그리고 독립투사는 큰 세계 지도의 빨강 부분에 발끝이라도 닿으면 안 될 것만 같았다. 그래서 북방이란 말에 담긴 많은 것들을 박스 하나에 가득 담아 아득한 비현실의 공간에 담아두고 있었던 것 같다. 시베리아와 칭기즈 칸, 서역도 역시 그랬다. 2차원 지도에는 그릴 수 없는, 3차원 공간에 따로 존재하는 것으로 간주했다. 이런 방식으로 무식을 버무려 역사를 멀리 밀어 둔 셈이다.

지난 10년 동안 중국을 여행했다. 1년에 6개월은 중국 어느 곳인가를 다니고 있었으니 여행을 꽤 많이 한 셈이다. 초기에는 의식적이든, 무의식적이든 만주 지역으로 향하지 않았다. 백두산은 지금도 내겐 미답으로 남아 있다. 나는 그저 제3국인 중국을 어떠한 의무감 없이 여행객으로 다니고 싶었다. '한 줄기 해란강'이나 '동해물과 백두산이'는 현실적으로 허무했고, 고조선의 '영광'과 고구려의 '제국'은 헐거운 옷처럼 어색하고 거북했기 때문이다.

이런 무지의 장벽으로 둘러싸여 있던 북방에 처음 다가선 것은 2010년 8월이었다. 물론 20여 년 전에 '북방외교'란 말이 일간지 헤드라인을 요란하게 장식했을 때 이미 북방이란 용어는 우리나라에서 짐짓 해방된 것 같았다. 그러나 북한이란 강고한 장벽 때문에 내 인식 속에서 북방은 자유롭지 않았다. 그러다가 '디지털 노마드(Digital Normad)'란 말이 또 한번 장벽을 낮춰 주었다. 디지털이란 단어가 MSG

처럼 북방의 거북함을 꽤 많이 녹였다. 흉노를 찾아 읽고 몽골을 더듬기 시작한 것이 그즈음이었다. 내가 2006년 초 서울 생활을 접고 1년만 쉴 요량으로 베이징으로 향한 것이 결정적이었다. 그때 북방이라는 장벽에 한 발 더 가깝게 다가갔다. 지리적인 이동은 고상한 관념의 유희보다 훨씬 강하게 내 머릿속의 장벽을 허물어 갔다.

사십 중반에 들어선 그때, 실재 역사와 실제 역사 기록, 그 사이를 읽고 보는 것이 전혀 다른 일임을 자각하기 시작했다. 처음으로 역사에 흥미가 생긴 것이다.

2010년 여름 《제국으로 가는 긴 여정》이라는 책 한 권을 손에 잡게 됐다. 박한제 서울대학교 동양사학과 명예교수의 중국 역사기행 세 권 가운데 한 권이었다. 첫 장의 제목도 '제국으로 가는 긴 여정'이었다. 중국 역사에 대한 기초 지식이 부족한 나는 술술 읽어 나가지 못했다. 며칠이나 책 한 권에 매달리다시피 읽어야 했다. 그러나 책을 덮는 순간 바로 배낭을 쌌다.

그렇게 해서 탁발선비가 남하하기 전에 살았던 다싱안링 산맥 깊은 곳의 알선동을 찾아갔다. '나 홀로 역사기행'은 내게 충격이자 감동이었다. 다싱안링의 삼림 지대와 후룬베이얼 초원은 내 역사 인식에 새로운 장을 열어 주는 공간이었다.

나는 북방에 다녀온 흥분으로 마음이 조급해지기 시작했다. 신비로움에 갇혀 있는 그 북방을 이야기로 내뱉고 싶었다. 그래서 TV다

큐멘터리 형식으로 이야기를 풀어냈다. 흉노, 선비, 몽골, 거란, 만주
라는 5개 북방 민족을 훑어 〈북방 대기행〉이라는 5부작 프로그램으
로 기획, 제작하여 위성방송으로 내보냈다. 자평하자면, 어림없는 일
이었다. 제작비의 한계도 있었지만 근본적으로 기획자이자 제작자였
던 필자의 역사 인식이 좁고 얕았던 것이다. 그러나 그 이후 기회가
되는 대로 북방의 삼림과 초원 지역 여행을 반복했다.

　이런 여정을 매년 여름 4년째 반복하다가 생각지도 못한 기회가
행운처럼 찾아왔다. 2014년 가을, 바로 그 박한제 선생님과 동반하
여 33일간 '탁발선비 천년기행'을 테마로 답삿길을 떠나게 된 것이
다. 몇 년 전 이미 책 한 권만으로 내게 스승이 되셨던 분이 답사여
행을 함께 하겠다고 나서 주셨으니!

　답사여행 동안 매일 현장에서 보고 들은 것들을 기록했다. 길 위
에서, 유적 앞에서 그리고 식탁에서 이어진 박한제 선생님의 역사 강
의는 더욱 생생했다. 답사를 마치고 귀국하여 관련 역사서를 손에
들고 복습 아닌 복습을 시작했다. 이런 과정을 거쳐 여행기에 역사
이야기를 얹어 글과 사진으로 정리하게 되었다.

　역사 이야기는 설서인(說書人)이 대본을 암송하여 행인들에게 풀어
주는 것과 같이 일반 독자가 부담 없이 읽을 수 있도록 했다. 그렇다
고 소설 투의 허구성 기록이나 야사를 끌어다 붙이는 것은 피하려고
했다. 담담하게 개략의 역사를 이야기로 푸는 정도에 맞춘 것이다.

　그렇게 쓴 글을 2015년 2월부터 6월까지 17회에 걸쳐 〈주간조선〉

에 연재했고, 연재물을 정리하여 단행본으로 상재하였다.

최근 10년간의 중국 여행 기록물 중 단행본으로 정리한 것들이 여러 권 있다. 조조와 제갈량부터 시작하여 각지의 음식문화, 백성들의 살림집을 거쳐, 마오쩌둥의 대장정에서 중국 현대사를 이야기하기도 했다.

이 글에 담긴 탁발선비 천년 역사는 중국 역사에서도 중고사(中古史)에 해당된다. 서문을 쓰는 전후엔 중국 대륙에서 펼쳐진 한국인의 항일 독립운동과 관련된 현대사를 찾아 답사하였다. 이처럼 필자의 여행 테마는 하나의 초점에 걸려 있지 않다. 주제 선정 자체가 여행을 우선으로 한 것이고, 우연과 인연이 얽히는 대로 선정한 것도 있으며, 마음이 끌리는 대로 택한 것도 있다.

그러나 결과적으로 보면 또 하나의 자각이 쌓이고 축적되는 과정이었다. 그것은 우리가 남과 다르지 않고, 다른 사람 역시 나와 다르지 않다는 것이다. 그러므로 내가 나를 알려면 나만의 세계가 아닌 '그들과 함께하는 나'를 조망해야 한다는 것이다. 우리 역사는 단일 민족의 역사가 아니라 세계 속의 역사다. 어떤 때에는 지금 이 땅만 망라해도 그 자체가 곧 세계였다. 어떤 때엔 중국이, 어떤 때에는 중국과 일본, 더 나아가 동아시아가 세계였다. 또 어떤 때에는 미국과 영국 같은 서구 열강이 세계였다. 최근에는 그리스나 브라질 또는 아프가니스탄 등 역사서나 가이드북에서나 보는 나라들이 우리를 둘러싼 세계의 일부로 강력한 충격을 주기도 한다.

역사에서 국사와 세계사를 구분하는 것이 필요할 때도 있지만, 공시적 공간에서 세계 속의 우리 역사를 논하는 것이 온당하지 않겠는가. 자국의 역사에 대한 세밀한 탐구는 중요한 과업이다. 그러나 우리를 둘러싸고 있는 세계를 외면한 채 우리 역사에만 미시적으로 천착하면 자칫 자기 동굴에 갇힐 수 있다. 나르시시즘처럼 내가 보는 나에게 매몰되는 것은 위험이 따르기 마련이다. 경우에 따라서는 허무한 자화자찬, 세계와 동떨어진 자가당착, 심지어 정신병 수준의 과대망상에 빠지는 경우도 목도하게 된다. 국사를 논하며 배우고 가르치는 것은 곧 세계사를 논하며 가르치고 배우는 것을 연계해야 보다 발전적이다.

이런 면에서 동아시아 북방과 남방의 요소가 혼재해 있는 우리에게 탁발선비의 천년 역사는 북방 역사의 한 자락을 이해하는 작은 참고서가 될 것이다.

선비는 흉노의 후속 타자이고, 이 가운데 탁발선비는 선비족 최후의 중심 타자였다. 이들은 돌궐과 몽골, 거란과 여진(만주)의 선행 주자다. 시기적으로는 고구려와 동시대로, 때로는 충돌하고 때로는 교류하면서 인접 지역에서 살아왔다. 탁발선비에 주목해 보면 국가의 태동에서도 동시대에 유사한 단계를 거쳐 성장했다. 고구려는 다싱안링 산맥 남쪽에서 강성한 국가로 성장했다. 탁발선비는 다싱안링

남쪽의 고구려 땅으로 남하하지 않았고(또는 못했거나), 초원을 밟아 서남으로 내려가 북중국에서 패권을 쟁취하고, 결국 중원까지 장악했다.

탁발선비의 관롱집단(關隴集團)에 속했던 수 양제나 당 태종은 내부적으로 왕권의 의례성(Ritual Kingship)이 취약했다. 이들 모두 창업자의 적장자가 아닐 뿐더러 자신의 제위 획득에 결점이 있었다. 개인적 왕권(Personal Kingship)을 강화하려면 자신의 능력을 과시할 업적이 필요했다. 가장 그럴듯한 전략 목표가 동북 지역의 고구려 공략이 아니었을까. 그렇다면 유라시아 대륙의 동북에서도 가장 열악한 환경에서 태동한 탁발선비와 고구려는 이웃사촌처럼 각각 서로 다른 땅에서 힘을 키우다가 천년이 지난 후에 최후의 결판을 낸 것이라 해도 과언은 아닐 듯싶다.

이런 면에서 탁발선비의 역사는 고구려의 역사를 이해하는 길에서도 의의가 있을 것이다. 이 글은 고구려와의 접근 면에 집중한 것이 아니지만, 넓게 보면 우리 역사를 이해하는 보완적 방편이 될 수 있을 것이다.

또 하나의 의의도 있다. 바로 북방의 초원과 삼림을 글과 사진으로 밟아 본다는 것이다. 나에게 북방이 신비로운 존재였던 것처럼, 북방의 삼림과 초원은 적잖은 한국인에게 묘한 향수거나 일종의 로망인 것 같다. 그곳은 민족의 시원과도 통할 것 같은 그 어떤 존재이고, 칭기즈 칸을 정점으로 하는 유목 제국의 비밀스러운 탄생과 연

관된 그 무엇으로 연상되기도 한다. 북방 삼림의 주술사 무당들과 우리의 무당과의 유사점을 발견하는 것, 우리말의 언어학적 계통을 논할 때 등장하는 '퉁구스족'이 여전히 그 지역에 살고 있다는 것 또한 역사적 또는 역사심리적 상상력을 자극하는 샘이 된다.

북방 후룬베이얼 초원에 나서면 또 다른 감흥이 일어난다. 끝없이 펼쳐진 초원, 초원을 조용히 가로지르는 흰 양 떼, 유난히 더 높아 보이는 파란 하늘, 그 하늘을 고요히 가로지르는 흰 구름……. 초원은 자연 풍광 자체로도 충격에 가까운 감동이다. 그러나 사막이 아름다운 것은 어딘가에 우물이 숨어 있기 때문이고, 초원이 더욱 위대하게 아름다운 것은 그 천지에 도도한 역사를 담고 있기 때문이다.

탁발선비의 역사뿐만이 아니다. 탁발선비가 남하할 때 잔류했던 일부가 훗날 몽골족으로 이어졌다. 칭기즈 칸과 그의 후예는 그때까지의 세계사와는 질적으로 전혀 다른 새로운 세계사를 펼쳐 나갔다. 후룬베이얼 초원은 세계를 뒤흔든 몽골 기마군단이 전장에서 돌아와 휴식을 취하는 곳 중 하나였다. 칭기즈 칸이 세상을 뜨면서는 큰 동생인 카사르에게 물려준 영지였다. 지금도 카사르 통치의 중심지였던 흑산두성 유지가 남아 있고, 초원의 도시 어얼구나에는 그의 이름을 붙인 카사르 광장도 있다.

우리 민족의 시원으로 생각되는 곳에서 멀지 않은 북방 초원의 동쪽 끝자락에 탁발선비, 곧 수, 당 제국의 시원이 있고, 그곳에 몽골 제국의 시원도 있다는 것이다. 그래서 후룬베이얼 초원은 다른 초원과는 또 다른 감흥을 준다.

이제 길을 떠나 보자. 역사를 찾아 떠나는 길 위에서 역사를 이야
기하자. 자그마치 9,300km나 되는 먼 길이 눈앞에 펼쳐진다.

목차

|중국어 표기 일러두기|

◆ 한자는 괄호에 넣어 표기했다. 현대 중국 지명을 포함하여 여행 정보의 의미가 있는 것은 중국 간체자를 사용했다.

◆ 건축물, 구축물, 능묘, 동굴, 유적지, 관직 이름, 나라 이름, 서책 등은 우리말 독음으로 표기했다.
　　예) 알선동, 흑산도성, 운강석굴, 위서

◆ 인명과 족칭의 경우 현대인은 외래어 표기법으로, 근대 이전의 것은 우리말 독음으로 표기했다.
　　예) 어원커족, 어룬춘족, 선비족.
그러나 몽골은 몽골족, 몽골어, 몽골초원 등으로 표기했다.

◆ 지명의 경우
① 중국 현대의 행정 구역 또는 주소상의 지명에서 고유 명칭은 외래어 표기법을 따랐고, 성, 자치구, 자치기, 시, 주, 현, 맹, 진, 향, 민족향, 촌, 기(旗), 좌기, 우기, 연합기, 대로, 로, 대가, 가, 성, 고성 등의 접미사는 우리말로 표기했다.
　　예) 네이멍구자치구 후룬베이얼시 어룬춘족자치기 아리하진, 훠저우고성
② 자연물 등의 고유명사에서 산, 산맥, 강, 수, 천, 하, 호, 지(池), 해(海), 동(洞) 등은 우리말로 표기했다. 고유 명칭이 현대에 사용되는 경우 외래어 표기법으로, 근대 이전에만 사용된 지명은 우리말 독음으로 표기했다. 단 동일 지명이 다른 용도로 나타나 혼돈이 발생할 수 있는 경우는 예외로 했다.
　　예) 후룬호 다싱안링산맥 인산산맥 탕허(唐河)
　　예) 根河市와 阿里河鎭은 건하 아리하(강 이름)에 맞춰 건하시 아리하진으로, 嘎仙河은 알선동을 좇아 알선하로 표기했다.
③ 외래어로 표기하면 혼돈이 생길 수 있는 섬서(陝西)와 산서(山西)는 섬서성과 산시성으로 구분하여 표기했다.
④ 과거 역사에 등장하는 지명은 우리말 독음으로 표기했고, 현재 지명과 동일한 경우에는 문맥에 따라 우리말 독음(당시 지명)과 외래어 표기법(현재 지명)을 병행하기도 했다.
　　예) 태원 – 타이위안
　　　　낙양 – 뤄양
　　　　사원(沙苑)
　　　　무천진(武川鎭)

| 북방기행 여정 |

9.24 치카
9.23 어원커족
9.22 알선동
9.25 만저우리
9.21 다워얼족
9.26 완궁
9.27 아얼산
9.27 우란하오터
9.20 하얼빈 출발
9.28 요 상경
9.29 요 조릉
9.30 원 상도
10.2 무천진
10.5 후허하오터
10.1 성락
10.4 운중성
10.3 영고릉
10.22 베이징 귀국
10.7 안문관
10.6 남순비
10.8 진사
10.9 진양고성
10.10 곽주 유지
10.13 사마천 유적
10.11 강주대당
10.19 정저우
10.14 무릉, 건릉
10.12 포주고성
10.18 뤄양
10.15 동행 귀국

북방기행 1

알선동

'제국으로 가는 긴 여정'의 시원

알선동으로 가는 입구

화강암 산 중턱에 있는 동굴 알선동

20m 높이의 화강암 산 중턱에 있는 동굴. 삼각형 입구는 서남을 향하고 있고,

내부는 폭이 28m, 천장은 최고 20m나 된다. 안쪽으로는 깊이가 90m, 바닥은 2천m²이다.

사람이 모이면 가히 천여 명은 수용할 수 있을 정도다. 바로 알선동이다.

인천에서 비행기로 하얼빈까지 이동한 후, 승합차로 786km를 달려 총 2박 3일 만에 다다른 곳이다.

33일간 9,300km를 주행하는 긴 답사 여행의 실질적인 시발점이 바로 이 동굴이다.

동아시아의 중원과 북방, 농경과 유목 곧 호(胡)와 한(漢)을 융합한 새로운 체제로 세계 제국을 이룬 대당(大唐)의 발원지가 바로 알선동 (嘎仙洞)이다.

선비족 탁발부, 즉 탁발선비는 아득한 상고에 이곳에 거주하고 있었다. 기원후 1세기 중엽 북방 기후가 한랭기로 들어서자 탁발선비는 이곳 삼림에서의 수렵, 어로 생활을 벗어나 대택(大澤), 곧 후룬호 (呼伦湖) 인근 초원으로 남천하여 초원 유목민으로 변신했다.

북방 초원에서 서서히 힘을 키워 나간 탁발선비는 2세기 중엽 다시 남으로 이동했다. 고난을 극복하면서 먼 길을 걸어 몽골고원 남쪽[漠南]의 초원, 곧 흉노의 옛 땅[匈奴故地]에 도착했다. 그러나 이들을 기다리고 있는 것은 따뜻하고 풍요로운 초원이 아니었다. 남하하려는 북방의 여러 유목 종족과 이를 저지하려는 중원의 농경 제국들이 치열한 생존 쟁투를 벌이는 용광로였다.

당시 중원의 적장자였던 서진(西晉, 265~316)은 280년 오(吳)나라를 무너뜨리고 삼국을 통일했다. 북방 유목민 중 일부는 이미 중원에 들어오기도 했지만, 이때만 해도 중원은 북방 유목민들을 어느 정도

제어하고 있었다. 그러나 서진은 곧 오만과 퇴행 속에 스스로 무너졌다. 북중국은 4세기 초부터 135년 동안 5호16국(五胡十六國, 304~439)이라는 전대미문의 정치적 대혼란 속으로 빠져들었다. 이런 격류 속에서 탁발선비는 대국(代國)을 세웠다가 잠시 절멸의 위기에 빠지기도 했지만, 386년에 다시 북위(北魏)를 세웠다. 가장 늦은 시기에 북중국 지역으로 진입한 탁발선비는 선착(先着)한 다른 종족의 왕조들을 제압하고 439년 북중국을 통일하는 대업을 이루었다.

탁발선비의 북위는 북방 유목 종족에서 중원의 정복자로 등장했으나 단순한 정복에 안주하지 않았다. 남과 북, 유목과 농경, 호와 한을 아우르는 진정한 대륙의 맹주, 제국의 통치자가 되려고 한 것이다. 이들은 북방 초원의 첫 번째 패자(覇者)인 흉노가 침략과 약탈에 머물렀던 것과는 확실하게 달랐다. 백성이든 지식인이든 중원의 한인(漢人)을 자신들의 체제 안으로 수용하였다. 중원의 문명과 북방의 무력을 결합해 강력한 통치력을 구축해 나간 것이다. 봉록제(俸祿制)와 균전제(均田制), 삼장제(三長制) 등을 통해 유목과 농경을 결합하는 사회경제적 기초를 다져 나갔다. 그 위에 한인과 통혼하고 복식은 물론, 언어와 성(姓)까지 동화하면서 문화적 융합을 추진했다. 불교라는 제3의 외래 종교를 새로운 규범과 가치로 채택하고 운강석굴과 용문석굴, 현공사 등 화려한 불교 유적을 남겼다. 가장 극적인 호한(胡漢)의 융합 과정은 평성(平城, 지금의 다퉁大同)에서 낙양(洛阳, 뤄양)으로 천도한 것이었다. 초원과 중원의 경계선인 평성에 있던 수도를, 중원의 한복

전 설 시 기	1대 탁발시균~66대	
알 선 동	67대 탁발모	36국 99성(BC 2세기 전후 추정)
일 차 남 천	72대 탁발추인	알선동-후룬호(BC 1세기 또는 AD 1세기)
이 차 남 천	80대 탁발힐분 213~220	후룬호-흉노고지
대국	315~376	
	376~386	전진에 일시 패망
북위	386~534	398 성락-평성 천도(도무제)
		439 북중국 통일(태무제)
		494 평성-낙양 천도(효문제)
서위	535~556	동위 534~550
		북제(고씨) 550~557
북주(우문씨)	557~581	무천진 군벌
수(양씨)	581~630	589 남조 진 정벌, 대륙 통일
당(이씨)	618~907	대당제국

탁발선비 시대별 구분

판인 낙양으로 옮김으로써 역사까지 융합하여 동아시아 역사에 완전히 새로운 장을 열었던 것이다.

이런 급진적인 융합 정책은 탁발선비 내부의 강력한 반발과 분열을 초래했다. 기존의 가치와 문화, 기득권까지 포기하고 새로운 가치와 문화를 창출하려는 호한의 융합은 그리 간단히 이루어질 일이 아니었다. 탁발씨가 황제로서 역사를 이끈 것은 북위와 동위(東魏), 서위(西魏)까지였다. 하지만 탁발선비는 탁발씨가 아닌 또 다른 탁발선비, 즉 관롱집단(關朧集團)을 후계자로 키우고 있었다. 이들은 동위와 서위의 실권자로서 통치 역량을 다지다가 탁발씨를 대신하여 전면에 나섰다. 우문(字文)씨가 북주(北周)를 세우고, 고(高)씨는 북제(北齊)를 세웠다. 이후 다시 양(楊)씨가 북주를 전복하여 수(隋)를 건국하고, 남조의 진(陳)나라까지 멸하면서 대륙을 통일했다. 그러나 재정 파탄과 부패로 수나라가 기울자 이연과 이세민은 당(唐)을 세워 양씨를 축출한 후 호한융합의 역사를 새로운 궤도에 진입시킨 역사의 주역이 되었다.

호한융합의 최종 결실은 대당(大唐)제국의 건업이었다. 대당제국을 세운 이씨는 물론, 탁발씨 이후에 제위 이양의 징검다리가 된 우문, 고, 양 네 가문 모두가 탁발선비이다. 이들이 선비족이 아닌 한족(漢族) 출신이고, 쌍방 간 호한융합의 역사를 일방적인 한화(漢化)라고 견강부회하는 것은 한인 사가들의 졸렬한 북방 콤플렉스에 지나지 않는다. 미국 대통령 버락 오바마는 아프리카의 후예지만 미국 시민이고, 대통령으로서 국가수반이 된 그 나라는 아프리카 국가가 아닌 미국인 것이다. 이와 마찬가지로 북제, 북주와 수나라, 당나라 역시 탁발선비의 왕조들이다. 관롱집단이라는 탁발선비 이니셔티브의 핵심 인물들이 상호 경쟁하면서 정권을 교체했고, 그에 따라 국호를 바꿨을 뿐이다.

대당제국은 동아시아 역사에서 이전에 없던 호한융합의 실체로서, 인류 역사의 위대한 진보로 기록되었으니 '장안의 봄, 장안의 밤'이 바로 그것이다. 장안이 사방으로 문을 걸어 닫았던 고대의 옹색한

알선동 입구

중원에서, 남북이 융합된 새로운 차원의 개방된 세계 제국의 수도로 다시 태어난 것이다. 그리하여 유라시아 전체가 장안을 중심으로 소통하고 교류하며 문화를 발전시킴으로써 위대한 동아시아의 시대를 연 것이다. 이는 훗날 몽골 제국이 동양과 서양을 융합한 위대한 역사로 이어지는 역사의 고리이기도 하다.

이것이 바로 천년에 걸친 '제국으로 가는 긴 여정'이었고, 우리는 그 소박한 상고시대 출발점인 알선동을 찾은 것이다.

알선동 입구 바로 왼쪽 벽면에는 사람 키 정도의 철창이 캐비닛 모양의 보호용 철판을 둘러싸고, 그 옆에는 비슷한 높이의 검은색 석비가 있다. 이 석비는 모형석이다. 진품은 철판 내부 화강암 벽면에 석각으로 새겨 놓은 축문이다. 알선동 축문은 이런 내용이다.

維 太平眞君四年 癸未歲七月廿五日 天子臣燾
태평진군 4년(443년) 계미년 7월 25일 하늘의 아들인 신 탁발도*는

使謁者僕射 庫六官 中書侍郎 李敞 傅菟 用駿足 一元大武 柔毛之牲 敢昭
告于皇天之神
알자복야 고육관과 중서시랑 이창 부토 등을 시켜 말과 소, 양을 제물로

황천의 신께 감히 고합
니다.

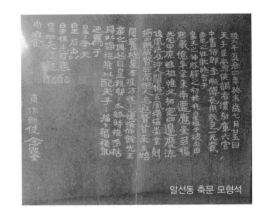

알선동 축문 모형석

啓辟之初 祐我皇祖 于
彼土田 歷載億年 聿來
南遷
개벽 초기에 우리 황조
를 그 토전**에서 도우
셨고, 억년을 거친 후에 마침내 남천을 하였습니다.

應受多福 光宅中原 惟祖惟父 拓定四邊
많은 복을 받은 덕분에 중원을 널리 안정시킬 수 있었고 오직 우리 할아
버지, 우리 아버지만이 동서남북을 개척했습니다.

慶流後胤 延及冲人 闡揚玄風 增構崇堂 尅殄凶醜 威曁四荒
경사로움이 후대까지 이어져 어리석은 저에게 미치게 되어 도교[玄風]를
찬양하고, 높은 묘당을 구축하게 되었습니다. 흉악한 무리들을 이겨 없애
니 그 위세가 사방까지 미쳤습니다.

幽人忘遐 稽首來王 始聞舊墟 爰在彼方 悠悠之懷 希仰餘光
유인***이 먼 거리를 마다치 않고 머리를 조아리고 내조하여 칭왕을 해옴

동굴 내부

으로써 선조가 살던 곳을 알게 되었습니다. 오랫동안 역사에 더욱 광명
이 있기를 우러러 바랍니다.

王業之興 起自皇祖 綿綿瓜瓞 時惟多祜 歸以謝施, 推以配天 子子孫孫 福
祿永延
왕업이 일어남이 황조로부터 시작되어 면면히 이어지기가 오이 덩굴과
같게 되었던 것은 적시에 많은 도움이 있었기 때문입니다. 감사하는 마음
으로 하늘에 바치는 제사 음식을 차렸습니다. 자자손손에게 복록이 영원
히 이어지기를 바라며

薦于皇皇帝天 皇皇后土 以皇祖先可寒配 皇妣先可敦配尚饗
위대한 천신과 위대한 지신에게 바치오니 황조 선가한과 황비 선가돈께
서도 오셔서 제사 음식을 흠향하소서.

東作帥使念鑿
동작수사 염이 새기다.

---

* 태무제
** 알선동 일대
*** 태무제에게 조공하러 온 오락후국의 사람들

알선동 석각은 북위 황제 태무제 탁발도(拓跋燾)가 북중국을 통일하고 4년 뒤인 443년 이곳에 대신을 보내 제사를 지내고 석벽에 축문을 새긴 것이다. 대신을 보낸 것은 그해 봄 알선동 동남쪽 넌강(嫩江) 유역에 있던 오락후국(烏洛侯國)에서 북위로 조공사를 보내 온 것에서 비롯되었다. 자신들이 사는 곳 서북쪽에 북위 황제의 선조가 거주했던 옛터[舊墟] 또는 묘당(廟堂) 석실이 있는데, 석실의 신령이 영험하여 백성들이 찾아가 기도한다고 고한 것이다. 이런 사실은 북위 역사를 기록한 《위서(魏書)》에 실려 전해 온다. 그런데 알선동 축문 석각이 1,500여 년이 지난 1980년 여름에 발견되었다. 이는 20세기 후반 중국 고고학에서 가장 놀라운 발견 중 하나였다.

이를 통해 탁발선비의 발상지가 다싱안링 산맥 북단이고, 그곳에서 남천하여 흉노고지, 현 네이멍(內蒙古)구자치구 수도인 후허하오터(呼和浩特) 일대의 초원으로 이동했다는, 대국(代國)과 북위(北魏) 이전의 탁발선비의 역사가 선명하게 드러난 것이다. 그것은 탁발선비의 이동 경로를 규명했을 뿐만 아니라 박한제 선생이 일생을 연구해 온 호한체제론의 주요한 단서까지 제공해 준 것이었다.

박한제 선생은 이 석각 축문에서 무엇을 찾아낸 것일까. 당시 기록에는 없으나 석각에만 있는 문구 중 '황조 선가한'이란 표현에 주목했다. 가한(可寒, 可汗)은 칸이다. 기존 역사학에서는 북방 유목 국가 가운데 가한이란 칭호를 처음 사용한 통치자는 402년 유연(柔然)의 구두벌가한(丘豆伐可汗)으로 알려져 있었다. 그러나 축문에서 보듯 가한이란 칭호는 탁발선비가 먼저 사용해 온 것임을 알 수 있다. 또한 북위 황제가 중원의 황제인 동시에 북방의 가한이란 칭호를 같이 사용했다는 것이 명백하게 나타났다. 즉 북위 황제들이 호한을 아우르는 융합의 세계관을 갖고 있었음을 확인하는 단초라는 것이다. 알선동은 호한융합의 세계관을 암석에 새김으로써 후손에게 전한 역사적 메시지가 담겨 있는 곳이기도 하다. 이 축문이 발견됨으로써 탁발선비의 시원을 둘러싼 후세 사가들의 논란이 상당 부분 시원하게 밝혀졌다.

오랫동안 북방 민족은 중국 정사에서 매우 홀시되었고 왜곡되었던 게 많았다. 특히 《위시》는 한족 시각에서 왜곡하여 평가된 대표적인 정사 중 하나로, 예사(穢史, 더러운 역사)라 할 정도로 폄훼가 심했다. 이런 왜곡된 시각을 바로잡는 데에는 알선동의 발견과 같은 고고학적 성과가 매우 중요하다. 최근에 중국에서 대규모 토목공사가 빈번해지면서 땅속에 묻혀 있던 묘지명(墓誌銘) 등의 석각이 엄청나게 많이 발굴된다. 이것을 통해 그동안 잘못 기록된 역사가 바로잡히는 것이 많다. 《위서》〈서기(序紀)〉가 기술한 탁발선비의 남천에 대해서도 기존에는 황당하다고 무시하는 학자까지 있었다. 그러나 알선동의 석각 축문과 다음 여정으로 찾아가게 될 후룬베이얼 곳곳의 고묘 등을 발굴한 고고학 성과는 《위서》〈서기〉가 허황된 것이 아니라 그들의 역사를 일정하게 반영하고 있다는 것을 잘 증명해 주고 있다는 것이다.

알선동 앞에는 폭이 10여*m*에 이르는 알선하가 흐르고 있다. 이 알선하는 남으로 흘러 간하(甘河)로 합류한다. 이곳은 북위 50도에 해당하는 지역이라 여름에도 물이 차다. 이 물이 그때도 흘렀다면 탁발선비의 선조를 먹여 살린 물이었을 것이다. 맑고 차가운 물이 면면히 흐르는 곳에서 역사가 이어졌다.

《위서》는 북위와 북제에 걸쳐 살았던 위수(魏收, 507~572)가 저술한 사서다. 〈서기〉란 황제의 일대기를 기록한 본기(本紀)의 첫 번째라는 뜻이다. 두 번째 본기는 북위를 개국한 도무제(道武帝) 탁발규(珪)에 대한 것이다. 〈서기〉 앞부분은 탁발선비의 상고사가 차지하고 있다. 역사학자들은 1대 탁발시균(始均)부터 66대까지, 즉 67대 탁발모(毛) 전까지를 전설 시기로 구분한다. 이러한 시대 구분은 대부분의 상고사와 마찬가지로 까마득한 조상을 전설로 보거나 역사 편찬 당시 정권의 정당성을 강조하기 위한 것들이다. 예를 들어 탁발시균이 중원의 시조인 황제(黃帝)의 스물다섯 번째 아들 창의(昌意)의 후예로 기록되어 있는데, 이것은 사실 관계의 서술이 아니라 탁발선비의 북위가 중원을 지배한 것에 대한 정당성을 주장하는 정치적 언술일 것이다.

기원전 200년 전후로 추정되는 67대 탁발모 이후 2세기 중엽의 80대 탁발힐분(詰汾)까지는 전설 시대에 비해 역사적으로 구체성을 인정받는 시기다. 탁발모는 알선동 일대에서 '36국과 99성'을 아울

알선동이 위치한 다싱안링 산맥 삼림

러 부락 연맹의 수장으로 올랐다. 72대 탁발추인(推寅)에 이르러 큰 변화가 일어난다. 다싱안링 산맥을 떠나 후룬베이얼 초원으로 1차 남천을 한 것이다. 수렵, 어로에서 유목으로 생존 환경 자체를 바꾼 것이니 엄청난 변화다. 탁발힐분은 후룬호 일대를 떠나 흉노고지로 2차 남천을 감행한다. 81대 탁발역미(力微)부터는 역사 기록이 더욱 명확하다. 탁발역미의 손자인 탁발의로(猗盧)가 대국(315~376)을 세웠고, 의로의 5대손인 탁발규가 북위(386~534)를 세웠다.

《위서》〈서기〉에는 조상의 근원지에 대해 이렇게 기록하고 있다.

國有大鮮卑山, 因以爲號
국유대선비산, 인이위호

선비라는 족칭은 이 대선비산이라는 지명에서 온 것이다. 선비라는 말의 뜻에 대해서는 여러 학설이 있는데 선비곽락(鮮卑郭落)이 비교적 객관성을 인정받는 것 같다. 선비는 '상서롭다'라는 뜻이고, 곽락은 사슴 종류의 동물, 곧 선비족의 토템이다. 알선동 지역에서 상서로운 사슴은 순록에 해당한다. 이 지역의 토착 소수민족인 어룬춘족(鄂伦春族)이나 어원커족(鄂温克族)은 고래(古來)로 순록 유목 생활을 해 왔고, 지금도 헤이룽강(黑龙江)을 넘어 시베리아로 올라가면 순록 유목이 더 광범위하게 남아 있다.

대선비산의 위치에 대해서는 여러 주장이 있었으나 알선동 축문이 발견됨으로써 다싱안링 산맥 북단인 것으로 정리가 됐다. 선비산이 아니라 대선비산이라고 한 것은 탁발선비가 북중국을 통일한 이후 자신들의 우월성을 과시한 수사일 것이다. 다싱안링 산맥에서도 어느 특정한 산을 지칭할 수 있다는 주장도 있다. 김영환 남서울대 교수는 지리적 환경 등을 고려하여 알선동 북쪽 80㎞ 지점에 있는 대백산(大白山)이 유력하다고 주장한다. 이 산은 해발 1,529m로 다싱안링 산맥 북단에서 가장 높은 산이며, 남쪽으로 흘러 넌강(嫩江)에 합류하는 간하와 서쪽으로 흘러 후룬베이얼 초원을 적시는 건하(根河)의 발원지라는 것이다. 그러나 아직은 가설로 보고 이번 답사 여정에서는 생략하였다.

탁발선비는 알선동에서 대택(大澤), 즉 큰 호수로 1차 남천을 시도했다. 무슨 이유로 조상 대대로 살아온 고향을 떠나게 됐을까. 이들은 삼림 지역에서 수렵과 어로 및 순록 유목으로 살아왔다. 그러나 식량 채취로는 인구 증가를 감당하기 어려웠다. 게다가 기원전 1세기 중엽 기후 변화로 기온이 하강하자 가축이 모두 죽는 등 생존에 큰 위협을 받았다. 남방에서 전해 오는 농경사회 중원의 산물[南貨]이 보여 주는 풍족함과 화려함도 커다란 유혹이었을 것이다. 다싱안링 산맥 남쪽 초원에서는 한나라의 집요한 공세 속에 흉노가 쇠락하는 큰 변화도 일어나고 있었다. 탁발선비는 이런 상황들을 종합해 남천을 결정했을 것이다.

답사 일행은 알선동을 천천히 걸어 나왔다. 이번 답사의 출발점이 자 탁발선비 천년 역사의 시원이며, 대당제국이 호한체제의 근원이라는 점에서 답사를 시작하는 걸음에 무게감이 느껴졌다.

이제 알선동을 떠나 탁발선비의 1차 남천 경로를 좇아가는 여정에 들어선다. 후룬베이얼 초원의 진주인 후룬호까지 가는 것이다. 우선 다싱안링 산맥을 동에서 서로 넘어 건하시로 이동한다. 초원으로 나가기 전에 북방 삼림에서 유목으로 순록을 키우던 어원커족 정착촌과 박물관을 둘러보기로 했다.

알선동에서 나와 아리하진(阿里河鎮) 중심에 있는 어룬춘족박물관에 들렀으나 공교롭게도 월요일이라 휴관이었다. 다음 날 보게 될 어원커족과 동일한 민족으로 볼 수도 있으니 아쉽지만 지나칠 수밖에 없었다.

박물관을 지나 허름한 식당에서 국수로 점심식사를 마치고 건하를 향해 출발했다. 건하로 가는 301번 성도(省道)는 간하와 붙었다 떨어지기를 반복하며 다싱안링 산맥 깊이 들어간다. 다싱안링 산맥 일대는 그리 험준한 느낌은 별로 없다. 해발 1,100~1,400m에 남북 1,200km를 넘지만, 동서의 폭이 200~300m나 되기 때문에 가파른 고갯길이 아니라 구릉을 지나는 느낌이다.

간하대교에 잠시 차를 세우고 강물을 바라보았다. 강폭이 40~50m

다싱안링 산맥을 넘어 건하시로 가는 길

301번 성도를 따라가는 여정

는 됨직하고 물살도 센 편이었다. 오전 내내 내린 가을비가 그치고 파란 하늘을 드러내고 있었다. 흐르는 강물이지만 수면에는 강가의 울창한 가을 나무와 함께 반짝이는 해와 파란 하늘, 흰 구름이 한꺼번에 들어앉았다. 북위 50도의 9월 하순은 이미 서늘한 기운이다. 한참 이동하는 중 도로변 큰 입간판에 '大岭之南 甘河滨, 北魏先祖 发祥地(대령지남 감하빈 북위선조 발상지)'라고 쓰여 있었다. 마치 우리 답사 팀을 안내하듯이.

탁발선비

북방기행 2

어원커족

탁발선비와 퉁구스족과 한민족
그리고 순록

어원커족 사룩부락 정착촌 입구의 순록 군상

敖魯古雅鄂温克族馴鹿文化博物館

어윈커족 순록문화박물관

알선동을 떠나 1차 남천 길에 오른 탁발선비는
다싱안링 산맥을 넘어 후룬베이얼 초원으로 남하했다.
먼저 서쪽으로 이동하여 치차에서 어얼구나강을 만나고,
강을 따라 방향을 바꿔 남으로 이동하여 후룬호에 정주했다.
답사 여정 역시 동일한 코스를 잡았다.

이번 답사 여정에서는 북방기행의 한 단면으로 이 지역의 소수민족인 어원커족(鄂溫克族)을 찾아가기로 했다.

어원커족 조상의 시원에 대해서는 몇 가지 주장이 있다. 그중 하나는 선비족이 남하할 때 잔류했던 일부가 실위(室韋)이고, 실위의 후손 중에 몽골족과 어원커족이 있다는 학설이다. 자라이눠얼(扎賚諾尓) 박물관에서는 '선비와 실위는 다른 한자를 썼을 뿐 같은 말[同音異寫]'이라고 설명하고 있다. 그렇다면 탁발선비의 조상이 거주했던 알선동 인근 지역에 현재에도 거주하고 있는 어원커족에게서 고대 탁발선비의 생활상을 일부라도 느낄 수 있지 않을까.

답사 4일 차 아침. 건하시를 출발해 어원커족 아오루구야(敖魯古雅) 사록부락(使鹿部落) 정착촌에 도착했다. 입장료를 내고 들어가면 힘차게 뛰어가는 순록 10여 마리의 군상이 맞아 준다. 어원커족이 순록 유목으로 살아온 민족임을 말해 준다. 탁발선비 역시 순록을 유목

순록과 함께 살아가는 어원커족. 사록부락박물관에 걸린 옛 사진이다.

내지 방목하지 않았을까. 선비족 유물에는 금이나 동으로 제작한 사슴이 많은데, 이 역시 순록으로 보인다. 탁발선비의 먼 조상에게서 순록을 상상하는 것은 결코 무리가 아니다. 사록부락박물관에서 조금 떨어진 곳에는 어원커족의 순록 농장도 있다.

순록은 사불상(四不像)이라고도 한다. 머리는 말과 비슷하고, 몸통은 당나귀처럼 튼튼하며, 뿔은 사슴같이 멋있고, 발굽은 소와 닮아 습지도 잘 걷는다. 하지만 말이나 당나귀, 사슴이나 소는 아니라는 뜻이다.

순록은 어원커족에게 운송 수단이 되고, 젖, 고기와 가죽까지 공급해 주는 중요한 가축이다. 또한 사슴류에서 유일하게 가축화된 동물이다. 순록은 삼림 지대의 습지에서 자라는 이끼를 좋아하는데, 순록 떼가 이끼를 먹어치우면 2~3년이 지나야 다시 먹을 만큼 자라기 때문에 유목이 불가피하다고 한다.

어원커족은 몇몇 가족이 무리를 이뤄 순록을 방목하며 수렵생활을 영위한다. 이들은 셰런주(斜人柱)라는 유목과 수렵에 적합한 이동식 천막에 산다. 아메리카 인디언과 같다. 열두어 개의 나무 기둥을 원뿔 형태로 세워 상단을 묶은 다음, 가죽이나 나무껍질로 덮는 단순한 구조의 이동식 가옥이다. 두 사람이 한두 시간이면 세우고 걷을 수 있다. 지금도 셰런주를 일상생활에 이용하는데, 단순한 구조를 보면 2천 년 전 역시 현재와 별다르지 않았을 것으로 생각된다.

어원커족은 동절기에 가죽옷을 입고 눈이 쌓이면 설피를 신는다.

어원커족이 방목하는 순록과 순록의 먹이 이끼

바구니 등의 생활용품은 자작나무 껍질[樺皮]로 만드는데, 선비족의 고묘에서도 이 화피 공예품이 많이 출토되었다. 탁발선비에게 자작나무는 조상의 나무라 해도 과언은 아닐 것 같다. 어원커족의 전통신앙은 북방의 다른 소수민족처럼 샤머니즘이다. 이들에게 무당(샤먼)은 지식인이고 의사이며 문화의 전수자다.

어원커족에게서 탁발선비만 연상되는 것은 아니다. 어원커족의 연원에 대해서는 실위라는 주장 이외에 숙신, 읍루, 물길, 말갈의 후손이라는 주장도 있다. 말갈의 한 갈래인 속말(粟末)말갈은 발해를 거쳐 고려와 거란으로 융합되었고, 흑수(黑水)말갈 가운데 숙여진(熟女眞)은 금나라를 거쳐 만주족의 청나라로 이어졌다. 그리고 생여진(生女眞)이 지금의 어원커족, 어룬춘족, 허저족(赫哲族) 등으로 이어졌다는 것이다.

어원커족은 퉁구스족이라고도 한다. 우리말이 알타이어의 만주-퉁구스어계에 속한다고 배웠을 때 마주쳤던 생경한 어휘 퉁구스가 곧 어원커족 족칭이었던 것이다. 어원커족 말에서 '아리 아리랑 쓰리 쓰리랑'과 유사한 발음의 'ALIRANG, ALAAR, SERERENG, SERIRENG'을 민속학으로 분석하여 아리랑의 기원을 탐구한 우실하 한국항공대학 교수의 논문을 보면 눈이 번쩍 뜨인다.

알선동이 있는 어룬춘족자치기의 아리하진을 흐르는 아리하(阿里河)

숙신	읍루	물갈	말갈	속말말갈	진국	발해국	고려, 거란	현재
				흑수말갈	숙여진	완안여진	금, 후금, 청	만족
								허저족
					생여진			어원커족
								어룬춘족

중국 북방 소수민족 계보(출처 《另一半中国史》(高洪雷 文化艺术出版社, 2012)

역시 그렇다. 어룬춘족은 어원커족과 습속이 유사하고 순록 유목이라는 생태도 같다. 고유 언어도 서로 막힘없이 통하기 때문에 동일한 종족으로 보기도 한다. 그런데 어룬춘족의 아리하와 한중 국경의 야뤼강(鴨綠江, 압록강)에 서울 아리수(한강)까지 연결해 보면 어원커족이 여타 소수민족과는 다르게 보인다. 어원커족 순록의 멋있는 뿔과 신라, 백제의 화려한 금관 장식도 약간의 연상만 더하면 남이 아닌 것처럼 보인다.

최근 우리 민족의 시원을 스키토–시베리아에서 찾으려는 연구가 활발하다. 주채혁 전 강원대 교수는 20여 년 동안 만주, 시베리아, 몽골을 구석구석 답사하면서 우리 민족의 시원에 관해 탐구해 왔다. 주 교수에 의하면, '조선(朝鮮)'이란 말에 대해 일제 강점기에 별안간 '해 뜨는 나라'라고 정태적인 해석을 하기 시작했는데, 이것이 잘못됐다는 것이다. 조선의 '조(朝)'는 아침을 뜻하는 '자오(zhao)'가 아니라 이동 방향을 뜻하는 '차오(chao)'로, 순록의 먹이인 이끼[鮮]가 풍부한 산[鮮]을 찾아[朝] 이동하는 순록 유목민에서 유래한 말이며, 이 유목민의 한 갈래가 한반도 쪽으로 남하하여 정착한 종족이 우리 민족이라는 것이다.

이런 조각들을 한데 모아 놓고 보면 어원커족의 정체성에 대해 의문을 갖지 않을 수 없다. 나에게 어원커족은 적어도 북방을 가리키는 또 하나의 나침반이다. 고고 발굴부터 문헌 사료, 역사 지리, 민속 자료까지 수많은 자료를 토대로 가설을 수립하고 이를 실증하는 학술적 연구와 역사적 직관, 역사심리적인 감성을 마구 뒤섞을 것은 아니다. 하지만 그렇다고 해서 상상 또는 연상을 금지한다는 강박관념에 포박될 이유도 없지 않은가.

일행들과 함께 박물관에서 니와 중국 정부가 제공한 정착촌 주택 사이를 걷기 시작했다. 다른 지방에서는 볼 수 없는 핀란드식 목조주택이다. 지붕이 유달리 커 보이는 독특한 외관의 이층이다. 별장주택이라는 느낌도 든다. 일층에 작은 기념품 가게를 겸하거나 민박을 운영하는 집도 있다. 그러나 왠지 모르게 생뚱맞기까지 하다. 이 주택들은 이들의 거주지로서 적합한 공간일까? 이들의 민족문화를 보호한다지만, 문화 공간이나 생활 터전으로서는 어쩐지 어색한 느낌이 든다. 바짓가랑이는 땅에 끌리지만 윗옷 소매는 짧은 모습 같다.

정착촌이 만들어지면서 어원커족의 살아 있는 전통문화는 찾아보기 어렵게 되었다. 어원커족 사록부락은 21세기가 될 때까지도 순록을 키우며 사냥감을 찾아 삼림을 이동하며 살아왔다. 그러나 지난 몇 세기 동안 러시아와 일본은 물론, 중국 정부까지 삼림을 엄청나

어원커족 사람들

게 파헤쳤다. 삼림이 개발될수록 사냥감과 이끼는 사라졌다. 20세기의 권력들은 그들에게 정착을 강요하며 갖은 방법으로 압박했다. 어원커족의 일부는 돈을 찾아 떠났고, 자녀를 신식 학교에 보내기 시작했다. 외지인과 결혼하고 대도시로 나가 대학생이 되기도 했다. 젊은이들은 하나둘 하산했으나, 현대 사회에 적응하지 못하는 중장년은 삼림을 떠나지 못했다. 중국 정부는 어원커족 보호라는 이름으로 무상으로 집을 제공하고 생활비까지 대주었다. 그 대신 이동 생활과 사냥을 금지했다.

결국 2003년, 불과 200여 명만 남은 어원커족 사록부락 사람들은 '생태 이민'이라는 거창한 구호 아래 초라하게 하산했다. 어원커족은 생기를 잃었다. 일부는 관광객에게 공예품을 팔고, 일부는 정부가 무상으로 주는 생활비에 기댄 채 알코올 중독에 빠져들었다. 어떤 이들은 산과 정착촌, 도시를 오가면서 방황했다. 순록을 사불상이라는 귀한 동물로 여겼지만, 하산한 사람들은 자신들이야말로 불행한 사불상이라고 탄식했다. 산에서 순록을 키우는 것도 아니요, 하산해서는 장사와 농사도 모르며 노동자가 된 것도 아니라는 것이다.

어원커족이 하산할 때 그중 특히 마리야 쒀(玛利亚 索)에게 시선이 집중됐다. '마지막 추장'이라는 수식어가 중국인의 호기심을 자극했다. 이 여인은 사록부락에서 나이가 가장 많고 존경받는 추장이었다. 말수가 적고 자상했으며, 90년 세월이 주름으로 새겨져 있다.

그런데 이들이 하산하기 일 년 전, 마리야 쒀의 딸이자 어원커족

어원커족박물관에서는 몇 명의 현대 인물을 조명하고 있다. 어원커족 최초의 대학생으로 성공한 화가가
되었으나 귀향 후 자살로 생을 마감한 류바의 작품들(위)이 전시돼 있다. 또 아흔이 넘은 나이로 지금도
산속에서 살고 있는 '중국 최후의 추장' 마리야 쒀(아래)의 사진도 볼 수 있다. 슬픈 드라마 같은 두 여인
의 이야기는 박물관에서 나와 조용히 걸으면서 음미해야 한다.

출신의 화가 류바(柳芭)가 자살했다는 뉴스가 사람들을 안타깝게 했다. 류바는 어원커족 최초로 대학에 진학했고 화가로 성공했다. 그러나 그녀는 삼림의 어원커족도, 도시의 생활인도 아닌 경계인으로 방황했다. 도시 생활을 청산하고 고향으로 돌아와 그림을 그리던 그녀는 42세의 나이에 어얼구나강에서 익사체로 발견되었다. 류바의 자살 뉴스를 듣고 한 여성이 중국의 마지막 추장 마리야 쒀를 찾아왔다. 건하에서 250km 북방에 있는 모허(莫河) 출신 여인이었다. 그녀는 노인 추장으로부터 어원커족이 살아온 이야기를 몇 날 며칠 동안 밤새도록 들었다. 이듬해 이 여성은 아흔 살의 무당 할머니를 화자로 한 소설을 출간하였다. 사록부락 사람들이 모두 하산하던 날, 산에 남은 '내'가 90년간 살아온 일생을 조곤조곤 이야기하는 내용이다. 어원커족의 슬픈 운명이 읽힌다. 작가는 루쉰 문학상을 3회나 수상한 츠쯔젠(遲子建)이었고, 이 소설로 2008년 중국 마오둔 문학상을 받았다.《어얼구나강의 오른쪽》이라는 제목으로 우리나라에도 번역 출간되었다.

　문명은 문명이라는 핑계로 강력한 문명이 힘없는 문명을 쓸어버리는 일을 수없이 반복해 왔다. 그게 실재해 온 역사이다. 그러나 과연 그렇게 하는 것이 온당한 것일까. 명쾌한 해답을 구하지도 못하는 질문을 다시 떠올리게 되는 곳이 아오루구야 사록부락이다.

탁발선비가 알선동 이후에 남긴 유지(遺址)는 어얼구나시와 그곳에서 서북으로 70km 떨어진 어얼구나강 강가의 치카(七卡) 그리고 치카에서 어얼구나강을 따라 남으로 275km 떨어진 후룬호 근처의 자라이눠얼 일대이다. 모두 선비족 고묘가 발굴된 지역이다. 우리는 어얼구나시를 거치지 않고 건하시에서 바로 치카로 가기로 했다.

순록 농장에서 나와 301번 성도를 탔다. 삼림이 초원으로 바뀌어 가는 풍광이다. 황금색이 일렁이는 밀밭도 만났다. 잠시 차를 세우고 밀밭 사진을 몇 장 찍었다. 기계농으로 삼림과 초원이 거침없이 농경지로 바뀌어 가는 현장이다. 현대 문명의 힘은 수천 년 동안 역사의 후원(後院)이자 오지의 삼림으로 남아 있던 이곳을 빠른 속도로 뒤집어 놓고 있었다. 정부는 인구가 증가하는 만큼 식량 증산 정책을 추진해야겠지만, 과연 개발은 어디까지 가는 것인가.

길은 구릉지에서 오르막 내리막을 반복하면서 산지를 서서히 빠져 나갔다. 한순간 차량이 고갯길을 오르면서 시야가 탁 트였다. 멀리 능선이 달리고 언덕 아래에는 큰 강이 흐르고 있다. 이 강이 알선동 북쪽의 대백산에서 발원하여 서쪽으로 흘러내려 온 건하다. 먼 능선과 발치 아래 강 사이에는 광대한 개활지가 있는데 숲과 초지가 섞여 있다. 삼림이 초원으로 바뀌어 가는 것을 자연 그대로 보여 주는 풍광이다. 산 아래 강가의 낙엽송 군락을 사진에 담았다. 갈색으

밀밭

로 변한 낙엽송이 햇빛과 더불어 노란색으로 반짝이는 환상적인 풍경이다.

알선동을 떠난 탁발선비는 푸른 희망과 그만큼의 불안을 가슴에 안고 이 지역

러시아족 할머니와 필자

을 지났을 것이다. 과연 어디에 새로운 터전을 개척할 것인가. 그들은 이곳을 지날 때 자신들이 새 삶을 찾아 나선 길이 수천 킬로미터까지 이어질 것이라고, 그 역사가 수백 년간의 간난고초 끝에 대당제국으로 귀착되리라고는 상상도 못했을 것이다. 그러나 역사를 읽고 그 길을 따라나선 여행객의 마음에는 거대한 엔진이 쿵쾅대는 기분이었다.

답사객의 흥분과는 무관하게 치카까지 가는 길에는 식당이 없었다. 필자가 이곳을 여행할 때 가끔 쉬어 가는 작은 마을에 있는 러시아 혈통의 할머니 댁에서 끼니를 해결하기로 했다. 낮은 담에 걸린 나무판 문을 열고 들어서자 할머니가 반갑게 맞이해 준다. 집 안에는 어설피 차려 놓은 전방(廛房)이 있다. 밖에서는 상점인지 알 수도 없는, 동네 주민들이나 찾아오는 작은 가게다. 뜨거운 물을 부탁해서 컵라면과 비상식량으로 끼니를 때웠다.

할머니는 외모만 봐도 한족 혈통이 아닌 것을 알 수 있다. 중국에

대백산에서 발원한 건하

다싱안링에서 초원으로 나가는 길가 풍경

서는 러시아에서 건너온 이민의 후예를 러시아족으로 분류한다. 인구 1억 4천만 명의 러시아를 소수민족 족칭으로 사용하고 있으니 조금 어색하다. 중국 내 러시아족의 인구는 1만 5천 명 정도에 지나지 않는다.

식사를 마치고 어얼구나시 방향으로 20여 킬로미터를 더 내려가서 삼거리에 도착했다. 이제부터는 완전히 초원이다. 다싱안링 산지를 완전히 벗어난 것이다. 이곳에서 서북쪽으로 향하는 201번 성도를 탔다. 탁발선비가 이동했던 길에 아스팔트가 깔려 있다. 이 길마저 4차선으로 확장 중이다. 중국은 전국이 공사 중이다. 탁발선비가 이천 년 전에 이동했던 이 오지까지도 '공사 중'이다.

북방기행 3

어얼구나강

산을 내려와 강을 따라
대택으로

어얼구나 습지

치카에서 먼저우라 가는 길. 왼쪽 위로 러시아 땅이 보인다.

답사 4일 차, 건하에서 출발하여

어얼구나시 10km근처에서 우회전하여 201번 성도를 타고 치카를 향해 달렸다.

언허 러시아족 민족향에서 하루를 유숙하기로 해서 여정은 넉넉했다.

도로 양옆으로 넓은 초원지대가 펼쳐져 있다. 농지로 전용된 초지에 농작물이 재배되면서 다양한 색감을 연출하는 특색 있는 풍경으로 다가온다. 이런 곳은 여행객들의 카메라를 분주하게 한다. 그러나 사라지는 초지는 보는 이로 하여금 씁쓸한 생각도 들게 한다. 개천이 흐르는 초원은 오리 농장이 되기도 하고, 길게 늘어서 있는 송전탑은 어딘가를 향해 끝도 없이 달리고 있었다. 말이 먹는 풀들이 자라는 곳에 농사를 짓고, 말 먹일 물에 오리를 풀어 키우고, 말이 달릴 곳에 철탑을 줄 맞춰 세웠으니, 탁발추인이나 칭기즈 칸이 깨어난다면 초원이 개벽 중이냐고 비명을 지르지나 않을지.

　그런데 초원 중간에 느닷없이 엄청난 자작나무 숲이 나타났다. '백화림(白樺林)'이라는 표지판이 보였다. 천지 사방이 모두 흰 몸뚱이의 자작나무로 빼곡했다. 껍질이 하얀 자작나무와 새파란 하늘이 교차하면서 선명한 색감의 아름다운 유화가 펼쳐졌다. 안내판에는 백화림 면적이 자그마치 700㎢라고 되어 있다. 정사각형으로 추산하면 한 변의 길이가 26.5㎞에 이른다. 사방 4m에 한 그루씩만 계산해도 4만 그루가 훨씬 넘는다. 중국이란 나라에서는 그 무엇이든지 크

기와 규모에서 사람을 압도하는 게 부지기수이다. 이에 비하면 강원
도 인제의 자작나무 숲은 숲이 아니라 텃밭 수준에 불과하다. 이곳
은 자작나무의 바다, 그것도 가히 태평양 같다.

자작나무는 탁발선비의 다싱안링 산지 생활과 밀접한 관계가 있
다. 3~4m 높이의 자작나무는 원뿔형 천막집의 받침대로 사용된다.
잘 벗겨지는 줄기 껍질은 여름철 천막집을 덮어 비바람을 막아 주
고, 바구니나 요람과 같은 생활용품 제작에 사용된다. 어원커족이
사냥에 나설 때는 포획의 성공을 기원하는 동시에 자신들의 족적을
표시하고자 바이나차(白那査)라는 산신을 자작나무 줄기에 새기기도
했다.

탁발선비의 일상생활에서도 마찬가지였을 것이다. 탁발선비가 알
선동을 떠나 후룬호로 이동한 것은 울창한 자작나무 숲을 떠나 풀만
낮게 깔린 초원으로 생활환경이 변했음을 의미한다. 초원으로 나가
면서 다싱안링에서 멀어질수록 선비족 고묘에서 자작나무 공예품이
적게 출토되는 것이 이런 사실을 말해 준다. 백화림이 그때도 있었
다면 탁발선비에게는 마지막 큰 숲이었을지도 모른다.

한참을 더 이동하여 언허(恩河)에 도착했다. 러시아풍의 목조 주택
들이 빨강, 파랑 지붕들을 이고 있었다. 중국과 러시아 국경 지대의

자작나무의 바다 백화림

언허 입구

러시아인은 19세기 말 광산 개발이나 국경 무역차 들어온 러시아 사람들 또는 초지를 찾아 월경한 뒤 정주한 러시아 농민들의 후예다. 20세기 초에도 러시아 10월 혁명 전후로 이주해 온 러시아인이 매우 많았다. 이들은 중국인과 섞이고 통혼하면서 살아왔지만, 여전히 러시아 습속을 보존하고 있다.

언허 파출소에 들러 선비족 고묘 발굴터의 위치를 문의했다. 하지만 경찰은 알지 못했다. 치카는 이곳에서도 한참 더 들어가는 곳이고, 여기서조차 오지로 여기는 곳이니 타 지역 출신 젊은 경찰이 모를 수도 있겠다 싶었다. 그는 우리를 위해 치카에 배치된 동료와 통화하면서 이것저것을 물어주었지만 신통한 답이 없었다.

언허에는 객잔이 몇 곳 있다. 여름 휴양차 이곳을 찾는 중국인이 많다는 뜻이다. 우리는 귀틀집 스타일의 객잔에 투숙했다. 이런 객잔은 외국인 숙박 허가 업소가 아닌 경우가 많아 파출소에서 별도의 주숙등기(住宿登記)를 해야 하므로 번거롭다. 하지만 시골의 고즈넉한 느낌이 좋다. 허름한 식당에서 중국식 샤브샤브로 시장기를 채우고는 일찍 잠자리에 든다. 창밖의 어두운 하늘에 별이 유난히 빛나고 있었다. 초원의 별이 도시의 별보다 훨씬 밝게 쏟아지는 밤이었다.

다음 날 아침, 치카를 향해 출발했다. 언허를 벗어나니 이내 흙길이다. 길가에는 농지가 많고, 구릉 중간에는 낙엽송 군락들이 드문 드문 보였다. 자작나무 잎은 이미 노랗게 물들어 반짝인다. 추수 이후 자란 밭고랑의 잡초들, 자작나무의 노란 잎과 흰 줄기, 멀리 보이는 구릉의 엷은 갈색, 밝은 회색과 스카이 블루가 교차하는 하늘까지, 파스텔화가 길게 펼쳐진다. 귀리를 거둬들인 밭은 밝은 베이지색으로 빛이 난다. 한 폭의 그림, 가을의 초원이다.

치카까지는 47km에 불과하지만, 두 시간 반이나 걸려 도착했다. 경찰 세 명이 경례하는 사진이 붙은 허름한 표지판이 보였다. 마을로 들어가니 주민 몇 명이 한가롭게 담소를 나누다 우리를 쳐다보았다. 우리는 이들에게 선비 고묘군 발굴터의 위치를 물었다. 그러나 아는 사람이 없었다. 선비 또는 탁발이란 말 자체를 아는 사람이 없는 것 같았다. 적잖이 실망스러운 차에 박한제 선생이 오히려 위로의 말을 건넸다.

"답사를 하다 보면 해당 유적지 담당자나 경험 있는 문물국 직원과 동행하지 않으면 헛걸음치는 게 한두 번이 아닙니다. 1980년대 발굴 이후 30년이 지났으니 문물국 관리대장에는 남아 있겠지만, 현지엔 아무 표시가 없을 수도 있습니다."

마을 뒷산에 올라가 주변 지형을 둘러보려 했으나 이 산마저 국경 초소여서 민간인 출입 금지 지역이었다.

탁발선비가 후룬호로 가는 장정에서도 사람들의 생사는 끊임없이 반복되었다. 망자들의 장사는 탁발선비의 방식대로 치러졌다. 여기

경찰 세 명이 경례하는 사진이 붙은 허름한 표지판

서 고묘 몇 기가 발굴되어 그들의 역사를 전해 주고 있다. 시신의 머리는 북쪽으로 두고 머리맡에는 큼지막한 동물의 두개골을 함께 묻었다. 평면상 머리 부분이 발 부분보다 폭이 넓은 역사다리꼴이다. 큰 나무를 베어 가운데를 움푹 파 관으로 쓰기도 했다. 그러나 묘의 내부 구조나 부장품들은 어차피 후룬호 근처의 자라이눠얼박물관에서나 볼 수 있으니, 탁발선비의 고묘 발굴 지역을 거쳤다는 것에 의미를 두고 방향을 돌려 남쪽으로 이동했다.

여전히 비포장 흙길이다. 경운기 한 대가 컨테이너 크기의 풀더미를 끌고 오는 것이 보였다. 북방 초원은 9월 말에 이미 겨울 준비가 한창이다.

치카를 벗어나자 곧 어얼구나강이 보였다. 강은 바로 중국-러시아 국경이다. 강물 중간의 보이지 않는 국경선, 국경 출입을 통제하기에는 턱없이 낮은 강가의 철조망, 그 바깥으로 농로와 비포장도로가 나란히 달렸다. 탁발선비는 남행했지만 어얼구나강은 북으로 흘렀다. 몽골 공화국 수도 울란바토르의 동쪽에서 발원한 오논강이 실카강이 되고, 실카강이 동류하여 어얼구나강(러시아에서는 아르군강)과 만나면 헤이룽강(러시아의 아무르강)이 된다.

탁발선비는 치카에 역사의 흔적을 남기고 어얼구나강을 거슬러 남하했다. 아직 초원의 목축을 충분히 익히지 못했기에 강 유역에서 어로를 겸하며 이동했을 것이다.

어얼구나강은 때로는 유려한 포물선을 그리면서, 한편으로는 몸

치카 인근 농로, 거대한 풀더미를 끌고 오는 작은 경운기가 뿌연 먼지를 일으킨다.

어얼구나강 습지

치카 가는 길

부림치는 뱀의 몸뚱이 같은 사행천으로 급격히 휘돌면서 흐르고 있었다. 전망 좋은 곳에서 휴식을 취할 때는 강에서 물고기 뛰어 오르는 소리가 크게 들리곤 했다. 어얼구나강은 인위적인 국경으로 차단된 덕에 자연 상태가 잘 보존된 지역이다. 끊임없이 개발하고 잡아대는 인간들이 없어 생태계 균형이 유지됐으니 물고기가 꽤나 크게 자라서 저리 큰 소리를 내는 것 같다.

느긋한 답사 길의 여유는 국경 수비대 앞을 지날 때 살짝 깨지기도 했다. 국경지대라지만 두 시간 가까이 군인을 못 보다가 군부대 정문 앞을 지나게 됐다. 경비병이 차를 세우고 신분증을 요구했다. 경비병은 외국인의 여권 자체가 생소한지 한참이나 이리저리 들추기를 반복했다. 그러더니 상급자까지 나와서 이것저것을 묻고 사진을 찍을 테니 여권을 펼쳐 들고 서 있으라는 것이다. 범인 사진 촬영 같아 약간 언짢았다. 그러나 어쩌랴. 이들의 업무이고, 실랑이해 봐야 시간만 끌 테니 순순히 응했다.

탁발선비가 남으로 이동할 때도 검문을 당했을까? 분명히 누군가와 마주쳤을 것이다. 이때엔 생존을 겨루거나 아니면 흡수하거나, 혹은 각자의 길로 나아갔을 것이다. 탁발선비의 앞길에는 그런 변수가 수없이 잠복하고 있었다.

			5호16국 시대와 이후				현대 민족
동호	오환						
	선비	걸복선비	서진				
		독발선비	남량				
		모용선비	전연	후연	서연	북연	
			토욕혼				투족
		탁발선비	(남하)대국	북위	북주, 북제	수, 당	
			(잔류)실위	(서천)몽올실위		몽골 제국	몽골족
							시보족
		우문선비	고막해		북주		다워얼족
			거란		대요		
						서요	

선비족 연원과 갈래

　우리는 어얼구나강을 따라 이동하여 흑산두성(黑山头城) 유지를 찾아 갔다. 어얼구나강 유역은 칭기즈 칸의 큰 동생인 카사르(중국어로는 하싸 얼哈萨尔)의 영지이며, 흑산두성은 카사르의 정치적 중심지였다. 이곳에서는 탁발선비가 동아시아 남북을 통합하여 수백 년이 지난 후에 세계 제국을 새로 열어 유라시아의 동서 문명을 광폭으로 융합해 낸 몽골 제국의 편린을 잠시나마 엿볼 수 있다.

　탁발선비와 몽골 사이에는 북방 민족이란 공통점 위에 구름다리 하나가 뚜렷이 이어져 있다. 탁발선비는 서남으로 이동하여 흉노의 빈 자리를 채웠다. 탁발선비는 떠났지만, 일부는 이곳에 잔존하여 집산(集散)을 반복하면서 새로운 종족이 형성되었으니 이들이 곧 실위

(室韋)다. 실위와 선비는 다른 한자를 썼을 뿐 같은 말[同音異寫]이다. 선비족의 후예라고 추정되는 북방의 또 다른 소수민족인 시보족(錫伯族)역시 발음이 비슷하다. 선비, 실위, 시보는 현대 중국어 발음으로 각각 '셴베이, 스웨이, 시보'다.

실위와 거란은 모두 동호(東胡)에서 유래했다. 그 가운데 다싱안링 남단 시라무룬하(西拉木倫河) 유역을 지켜온 한 갈래가 '중국 최초의 정복 왕조'라 지칭되는 요나라를 건국한 거란족이다. 이보다 북쪽, 즉 어얼구나강 유역에 살았던 북방민이 실위다. 실위는 남하한 탁발선비가 북위(北魏)를 세우고 중원을 통일했을 때 이미 사서에 등장하기 시작했다. 이들은 북위의 후신인 북주, 북제, 수나라와 당나라와도 지속적인 화친 조공 관계를 유지했다. 당나라 시대에 실위는 20여 부락에 이를 만큼 성장하여 다싱안링과 넌강(嫩江), 어얼구나강과 그 북부까지를 세력권으로 했다. 그 가운데 어얼구나강 유역에 몽올실위(蒙兀室韋)가 있었고, 거란의 공격을 받은 몽올실위가 서천남사(西遷南徙)했으니 그것이 바로 칭기즈 칸을 낳은 몽골 부족이다. 어얼구나강은 탁발선비의 원류(源流)일 뿐 아니라 600년 뒤 세계사의 주인공이 될 칭기즈 칸의 선조까지 길러 낸 강이었던 것이다.

좀 더 흥미로운 사실은 현재에도 실위가 지명으로 남아 있는 것다. 언허에서 북쪽으로 70km를 올라가면 어얼구나강 유역의 다싱안링 북록에 스웨이(室韋)라는 국경 마을이 있다. 스웨이도 언허와 마찬가지로 러시아족 마을이다. 실위와 선비가 지명으로 남아 있는 또 하나의 지역은 시베리아다. 시베리아의 어원은 돌궐 유래설도 있고 실위 유래설도 있다. 실위의 현대 중국어 발음은 스웨이(shiwei)인데 웨의 'ㅜ'와 베의 'ㅂ'은 인접 음운이다. 실위의 현지 발음을 따서 러시아인들이 '시베리아'로 불렀다는 것이다. 천 년 전의 고유명사가 오늘날 그대로 남아 있다는 것이 매우 흥미롭게 다가온다. 이것만으로 보면 탁발선비가 남하하면서 비우게 된 북방 지역이 훗날 러시아 땅으로 바뀐 셈이다.

흑산두성은 외성과 내성으로 되어 있는데 외성의 한 변이 600m, 면적이 34만 6천㎡ 규모인 성이다. 외성의 네 귀퉁이에는 성루가 있었고, 각 성벽에는 일정 간격으로 마면(馬面, 성벽 위에서 적을 공격하기 위해 성벽 일부를 凸 자 형태로 돌출시킨 부분)도 구축되어 있다. 성벽은 흙을 다져 쌓아 올리는 항토(夯土) 기법으로 조성되었고, 동·서·남 방향으로 세 개의 성문이 옹성까지 갖추고 있다.

현재는 외성과 내성의 성벽 하단만이 1~3m 높이로 남아 있다. 외성은 방어를 위한 성벽이고, 내성은 성의 중심 공간으로 왕실 귀족의 거소다. 내성 북쪽에는 궁전을 세웠던 기저가 있는데 화강암으로 된 기둥 초석도 남아 있다. 용문와당이나 유리기와, 치문(鴟吻, 지붕 용마루 끝의 장식물) 등이 발굴되었다고 한다. 원나라가 기울고 몽골족이 밀려나자 흑산두성은 허물어져 천년의 바람에 잠겼고, 지금은 성벽 흔적만 알아볼 수 있을 뿐이다. 노학자의 간명한 소회가 들려왔다.

"이민족들이 중원을 석권하여 세운 왕조는 그 쇠퇴기까지 합쳐도

흑산두성

300년을 넘지 못했습니다. 역사는 누구에게나 기회와 명예를 주지만 시간까지 담보해 주는 것은 아닌 듯싶습니다."

흑산두성까지 둘러보는 동안 점심시간을 훨씬 넘겼다. 비상용 간식으로 허기를 달래면서 헤이산터우진(여기서는 지명이다)으로 달렸다. 1km쯤 되는 중심 도로변에 식당과 민가가 듬성듬성 자리 잡은 초원 마을이 보인다.

하루 종일 강을 바라보며 달려온 김에 민물생선 요리를 주문하여 늦은 점심을 먹었다. 초원에서 먹을 수 있는 초원의 순수한 먹거리는 다양하지 않다. 대부분 소나 양고기류이며, 가끔 민물생선을 접할 수 있다. 초원의 먹거리를 상호로 정한 이 마을의 식당이 생각나 찾아보았다. 중국어로 '번산셴(犇羴鱻)'이란 식당이다. 식당 상호 세 글자가 모두 삼첩자(三疊字)로, 상형문자의 틀로 보면 초원의 먹거리에 해당한다. 물론 글자의 사전적인 의미는 조금 다르다. '犇'은 '달릴 분', '羴'은 '누린내 전'이고, '鱻'은 '고울 선(鮮)'의 이체자로 생선이란 뜻도 있다.

다음 목적지는 탁발선비가 1차 남천 끝에 터를 잡고 200여 년을 살았던 후룬호다. 그러나 시간이 늦어 호수를 볼 수 없었기에 후룬호에서 30km 떨어진 만저우리(滿洲里) 시내의 숙소로 곧장 향했다. 헤

삼첩자 식당

이산터우진에서 만저우리까지는 904번 지방도를 타고 간다. 이 노선은 어얼구나강과 나란히 달리는 길인데, 드넓은 초원을 가로지르는 왕복 2차선의 아스팔트길이다. 후룬베이얼에서 초원 지대의 상쾌함을 만끽하는 최고의 드라이브 코스다. 차량 통행이 거의 없어 우리는 막힘없이 달린다. 달리고 또 달려도 초원이다. 해는 서쪽으로 기울어 차량 그림자마저 동쪽으로 길게 늘어진다. 점차 붉어지는 하늘, 그 하늘 아래 강 건너로 보이는 러시아의 작은 마을들, 시간은 늦었지만 가을의 초원 정경을 영상으로 남기려고 몇 번이나 차 세우기를 반복했다. 만저우리에 도착한 것은 밤 9시경이었다.

틱낫선비

북방기행 4

후룬호

구난팔조를 헤치고
남으로 남으로

만저우리에서 하이라얼로 가는 초원의 고속도로

후룬호로 가는 길. 멀리 바다 같은 호수가 보인다.

답사 7일 차, 후룬베이얼 초원의 아름다운 국경도시 만저우리의 아침이 밝았다.

이날은 오전에 탁발선비가 1차로 남천하여 정착한 후룬호 일대와

후룬호에서 가까운 자라이눠얼박물관을 둘러보고,

완궁의 선비 고묘 발굴터를 거쳐 후룬베이얼의 행정 중심인 하이라얼까지 가는 일정이다.

이동거리는 250km 정도이고, 대부분 초원 고속도로이기 때문에 부담 없는 여정이었다.

후룬호(呼伦湖)는 사서에 대택(大澤)이라고 기록된 바로 그곳이다. 만저우리 시내를 벗어나 고속도로로 약 40km 동쪽으로 달리다 남쪽으로 10km 내려가면 후룬호 공원이 있다.

후룬호는 남북으로 93km, 동서로 최대 폭이 41km, 둘레는 447km다. 면적은 2,339k㎡로 제주도의 1.3배나 된다. 호수가 아니라 바다라고 해야 할 것 같다. 후룬호는 중국 5대 담수호 가운데 오염되지 않은 유일한 호수라고 한다. 후룬호 남쪽으로 80km 거리에 베이얼호(贝尔湖, 몽골 공화국에서는 부이르호라고 한다)라는 또 하나의 호수가 있다. 후룬이란 말은 몽골어의 수달(水獺)을 음차한 것이고, 베이얼은 수놈 수달이다. 베이얼호는 동안이 중국과 몽골의 국경이라 내수면은 몽골 공화국에 속한다. 이 두 호수의 명칭에서 후룬베이얼이란 지명이 유래됐다. 베이얼호의 물이 후룬호로 흘러들고, 후룬호의 물은 어얼구나강으로 흘러간다.

탁발선비는 어얼구나강을 따라 남하하다가 후룬호 인근에 자리잡고 200여 년을 살았다. 후룬호까지 이끌어 온 영도자는 탁발추인이다. 탁발추인의 1차 남천 시기에 대해서 기원전 1세기 중엽이라

후룬호의 아침

후룬호 인근 습지

는 설과 기원후 1세기라는 설이 있다. 자라이눠얼박물관에는 탁발추인의 재위 기간을 기원후 22~44년으로 추정한 자료와 기원전 50년 전후 대택으로 남천한 자료를 동시에 전시하고 있다. 상충하는 자료를 전시하면서 그에 대한 해설이 하나 없다.

후룬호에 봄이 오면 철새들이 돌아와 털을 갈고 알을 낳아 새끼들을 키운다. 다싱안링에서 꽤 멀리 떨어진 초원 속의 호수지만, 주변으로 초지가 넓고 토질도 비옥하며 동식물 자원까지 풍부하다. 이곳에서 탁발선비도 털을 갈고 새로운 세대를 양육했던 것이다.

1959년부터 오늘에 이르기까지 만저우리 동쪽 외곽의 자라이눠얼과 모구산(蘑菇山)에서 다량의 선비 고묘가 발굴됐다. 발굴 결과 이곳에서의 생업은 수렵에서 목축으로 전환되고 철제 도구까지 다량으로 사용했다는 것을 알 수 있었다. 후룬호에 정주하면서 이들의 생활은 더욱 풍요로워지고 발전을 거듭했음을 보여 준다.

문화적인 변용도 다양했다. 탁발선비의 무덤에서 변발이 보이기 시작한 것은 초원의 색깔에 물들어 간 징표일 것이다. 그 대신 자작나무 껍질로 만든 부장품들은 점점 줄었다. 다싱안링에서 조상 대대로 체득했던 삼림 생활의 흔적이 그만큼 탈색되어 간 것이다. 선비 고묘에서 출토된 칠기들은 중원의 물자[南貨]가 이곳까지 유입되었음을 보여 준다. 세 마리의 사슴 금장식[三鹿紋金飾牌]은 그들이 떠나온 곳을 알려 주고, 두 마리의 양 금장식[雙羊紋金飾牌]은 이들이 새로운 환경인 초원 지대에서 치열하게 살아갔음을 알려 준다.

중원의 식자들은 후룬호 시대 후기 변발을 했던 탁발선비들을 '삭로(索虜)'라는 말로 비하하여 기록했다. 그러나 탁발선비는 북방에서 초원을 휘두를 수도 있는 신참 유목 민족으로 성장하고 있었다. 능기선사(能騎善射, 말 타기에 능하고 활을 잘 쏨)였던 탁발선비는 주변 부락을 조금씩 정복하며 성장했다. 후룬베이얼은 탁발선비의 요람이었다. 후룬호에서 모두 9대가 흘렀다. 72대 탁발추인 이후 탁발리(利), 탁발후(侯), 탁발사(肆), 탁발기(機), 탁발개(蓋), 탁발쾌(儈)를 거쳐 79대 탁발인(鄰) 그리고 2차 남천을 감행한 80대 탁발힐분(詰汾)까지 이어진 것이다.

　후룬호에 가까이 다가가자 구릉 너머 멀리 수평선이 보이기 시작한다. 입장료를 내고 들어가면 호숫가에서 말이나 낙타를 태워 주는 곳도 있다. 호수에서 보트를 탈 수 있으며, 호숫가 노점에서는 민물 새우 꼬치구이도 팔고 있었다. 하나씩 시식해 보니 짭짤한 새우 꼬치가 별미는 못 되더라도 색다른 기분이 든다. 탁발선비가 이곳에 살았던 당시에도 이런 새우가 있었을까.

　5년째 매 여름마다 와 보는 후룬호지만, 이번엔 수위가 매우 높았다. 물이 적을 때엔 주차장에서 호숫가까지 200~300m 정도 걸어가는데, 이번에는 주차장 앞까지 물이 가득하다. 초원이나 사막 같은 건조 지대에서는 호수의 수량과 수위의 변화가 심하다. 후룬호 역시 수위 변화가 심했다고 한다. 청나라 시대에는 수위가 낮아져 몇 개의 호수로 갈라지기도 했고, 한동안은 완전히 말라버린 때도 있었다고 한다. 2000년부터 2009년에 이르기까지 수위가 4.6m 낮아졌고,

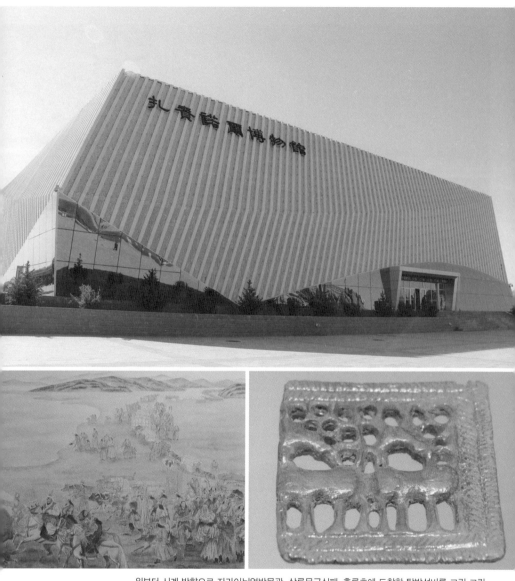

위부터 시계 방향으로 자라이뉘얼박물관, 삼록문금식패, 후룬호에 도착한 탁발선비를 그린 그림

자라이뉘얼박물관 전시물들(왼쪽 위부터 시계 방향으로 선비 암각화, 신수방전, 화피 공예품, 탁발모 석상)

선비 고묘에서 출토된 뼈

필자가 후룬호를 처음 방문했던 2010년부터 2013년까지는 비슷한 수위를 유지했는데 이번엔 수량이 상당히 늘어났다.

후룬호에서 나와 자라이눠얼박물관으로 이동했다. 자라이눠얼은 최근 개발한 만저우리시의 신도시로, 시 청사와 함께 박물관까지 이곳으로 이전했다. 2013년에 박물관이 공개되었고 탁발선비를 중심으로 한 역사문화, 후룬호를 중심으로 한 습지 생태 그리고 자라이눠얼의 석탄광 등 세 가지 주제로 꾸민 상설 전시실이 있다. 박물관을 자라이눠얼에 건립한 것은 이곳에서 약 300여 기의 선비족 고묘가 발굴되었기 때문이다. 이는 곧 탁발선비가 200년 동안 역사문화를 유지하다 떠난 흔적들이다.

후룬호에서 200년의 성장기를 거친 탁발선비는 다시 후룬호를 떠났다. 2차 남천은 언제 이루어진 것일까. 학자들은 2차 남천 이후 탁발선비 군장에 오른 탁발역미의 재위 기간을 220~277년으로, 2차 남천을 이끈 역미의 아버지 힐분의 통치 기간을 213~220년으로 추정한다. 이 주장에 의하면 2차 남천은 3세기 초반이지만, 2세기 중엽이라는 설도 있다. 사료의 기록이 충분치 않아 어느 이론으로 확정하기는 쉽지 않은 것 같다.

이들은 왜 다시 남천을 도모했을까.《위서》〈서기〉에 기록된 내용

탁발역미 초상화(위), 2차 남천을 묘사한 그림(아래)

은 다음과 같다.

獻皇帝諱鄰立. 時有神人言於國曰 此土荒遐 未足以建都邑 宜復徙居.
헌황제* 탁발인이 즉위했다. 어느 날 신인이 나타나 이르기를 이곳은 황량하고 먼 곳이라 도읍으로 삼기에는 부족하니 다시 옮기는 것이 마땅하다고 했다.

帝時年衰老 乃以位授子. 聖武皇帝諱詰汾. 獻皇帝命南移 山谷高深 九難八阻 於是欲止.
그러나 탁발인이 노쇠한 탓에 왕위를 아들 힐분에게 물려주었다. 힐분은 탁발인의 명을 받들어 남쪽으로 이동하기 시작했다. 그러나 산이 높고 계곡이 깊었고 아홉 가지 난관과 여덟 가지 장애를 만나 그곳에 멈추려고 했다.

有神獸 其形似馬 其聲類牛 先行導引 歷年乃出. 始居匈奴之故地.
이때 신수가 나타났다. 말처럼 생겼으나 울음소리는 소와 같았다. 신수가 앞서서 인도하여 수년에 걸쳐 난관을 헤쳐 나갔다. 이때부터 흉노의 옛 땅에 정주하기 시작했다.

---

* 훗날 황제로 추존한 것

후룬호 지역은 늘어나는 인구를 먹여 살리기에 물산이 부족하고, 문명 중심지에서 너무 유리되어 있다는 점이 한계로 다가왔다. 그때까지 동아시아 역사를 주도해 온 흉노와 한이라는 남북 대결 구도에 균열이 생기고 북방 초원에 힘의 공백이 생긴 것도 중요한 변수가 되었을 것이다.

선비족 남하 이전의 동아시아에서는 북방 초원의 패자인 흉노와 남방 농경문화의 한나라가 생사를 가르는 정면대결을 펼쳐 왔다. 흉노는 유목민 특유의 기동력으로 중원을 압박했다. 한 고조 유방과의 대결에서는 기원전 200년 유방의 군대를 평성 백등산 전투에서 굴복시키는 등 우세한 무력으로 약탈 경제를 유지했다. 반면 한나라는 화친이란 명목으로 일방적 약탈을 당하면서도 농경사회의 힘을 국력으로 결집하고 있었다. 한 무제에 이르러 기원전 133년 화친을 파기하고 대대적인 공세에 나섰다. 한나라의 지속적인 공세 속에서 흉노는 남흉노와 북흉노로 분열했다. 그리고 한나라는 무모한 흉노 정벌로 무제 말기에 이미 국력이 바닥나기 시작했다.

흉노와 한나라는 약간의 시차를 두고 동시대에 몰락했다. 기

선비족 흉상

원후 48년, 흉노는 남흉노와 북흉노로 분열되었고, 남흉노는 북흉노를 공격하고자 한나라와 제휴하는 지각변동이 일어났다. 남흉노는 점차 북방 초원의 패자가 아닌 한나라의 변방을 지키는 용병이나 중원의 노예로 전락해 갔다. 북흉노는 남흉노–한나라의 연합군에 패주해 서쪽으로 밀려나 이동하기 시작했다. 그들은 유라시아 초원을 떠나 훗날 훈족이란 이름으로 동유럽에 등장했다고 추청된다.

초원에는 선비족이라는 새로운 스타가 등장하고 있었다. 선비족의 첫 번째 영웅은 단석괴(檀石槐, 137~181 추정)였다. 단석괴는 초원의 부족들을 하나하나 통합해 선비족 제 부락을 망라하는 군사 연맹체를 구축했다. 그러나 그가 병사하자 연맹체는 후사들의 계승권 갈등 속에 와해되었다. 두 번째 영웅 가비능(軻比能, ?~235)이 출현했으나 단석괴에 미치지는 못했다. 가비능은 단석괴의 연맹체를 재건하는 듯싶었지만, 위나라의 견제에 말려 암살당하고 말았다. 그 결과 선비족은 모용부, 우문부, 단부 등 제 부족이 할거하는 양상이 지속되었다.

탁발선비가 2차 남천을 감행한 것은 흉노가 쇠락한 이후였다. 그러나 선비족은 아직 여러 부족을 망라하는 집약된 힘을 구축하지 못한 상태였다. 영웅 단석괴와 가비능이 떠올랐다 사라졌다. 중원의 한나라 역시 말기 암 환자처럼 가쁜 숨을 몰아쉬고 있었다. 탁발선비는 이미 후룬베이얼 초원에서 소년기를 충실히 보내면서 세상을 보는 눈과 주변을 정복하는 힘을 키운 상태였으니 이런 힘의 공백을 어찌 보고만 있었겠는가.

탁발힐분은 아버지인 탁발인의 명에 따라 남천을 감행했으나 쉽지 않았다. 사서에 따르면 탁발선비가 구난팔조(九難八阻)로 갖은 고생을 하는 와중에 신수(神獸)가 길을 인도하여 무사히 흉노의 옛 땅에 안착했다고 한다.

2차 남천 노선을 따라 후룬호를 떠나 이동하기 시작한 당일 오후부터 답사 팀에 황당한 일이 생겼다. 자라이눠얼박물관을 둘러본 뒤, 선비 고묘군을 발굴한 완궁(完工)으로 갔을 때였다.

초원 지대의 작은 마을에서 우리는 마을 파출소를 찾아갔다. 내가 중국인 기사와 함께 들어가 문물지도에 있는 선비 고묘 발굴터의 위치를 물었다. 그런데 상급자로 보이는 경찰이 "외국인이 여기를 왜 왔느냐."라며 다짜고짜 큰소리를 치는 것이 아닌가! 이 경찰은 분위기를 험악하게 몰고 갔다. 다소 무표정하게 응대했더니 중국인 기사에게 화살을 돌려 "왜 외국인에게 역사 유적을 보여 주냐."라며 거친 어조로 힐난했다. 기사에게는 신분증과 운전면허증, 차량등록증까지 꺼내라고 큰소리를 쳤다. 중국인 기사는 하얼빈 경찰서의 자문위원이기도 했으나 타지 경찰에겐 유효한 방편이 되지 못했다. 한참 후 경찰은 우리의 여권을 하나하나 촬영하더니 바로 마을을 떠나라고 으름장을 놓았다. 중국인 기사는 완전히 질린 얼굴이었다. 고속도로

완궁 근처를 흐르는 하이라얼하

입구에 선비 고묘군이라는 거창한 안내 표지석을 세워 두고도 정작 그것을 찾아온 외국인에게 거칠기만 한 경찰의 태도는 도저히 이해할 수 없는 일이었다.

추측건대 동북공정을 둘러싼 사안에 민감하게 반응한 것은 아닐까. 중국 동북 3성의 경우, 공무원을 포함한 중국인 일부가 동북공정에 관한 한국과의 갈등을 잘 알고 있기에 한국인에게 예민하게 반응하기도 한다. 완궁 파출소 경찰도 이런 맥락이었을 것이다. 탁발선비가 구난팔조를 헤치며 이동했던 2차 남천 경로에서 우리까지 구난팔조에 부닥친 게 아니냐며 중국인 기사를 위로하면서 완궁을 떠날 수밖에 없었다.◗

퇴발 선비

북방기행 5

2차 남천

흉노고지로 향한
머나먼 초원 길

하이라얼에서 아얼산으로 가는 초원 길

2차. 남천 행로의 여정은 하이라얼에서 1박 후 아얼산에서 다싱안링을 넘어 우란하오터에서 1박,

선비족 고묘가 발굴된 바린좌기에서 1박, 청란기에서 1박하는 것으로 정했다.

자동차로 1,500km가 넘는 4박 5일 장거리 여정이다.

탁발선비는 후룬호 일대에서 흉노고지(匈奴故地)를 향해 2차 남천을 시작했고, 답사 여정도 그 여정을 좇아 남으로 이어 갔다. 사서에는 탁발선비가 남천하여 흉노고지에 살기 시작했고, 그 이후 장천(長川)으로 이동했던 기록이 남아 있다. 그렇다면 흉노고지는 어느 지역이고, 탁발선비는 어떤 경로를 거쳐 갔을까.

흉노고지의 위치에 대해서는 몇 갈래의 주장이 있다. 김영환 남서울대 교수는 사서 기록과 지리적 분석 등을 통해 지금의 롼하(滦河) 상류 유역과 산뎬하(闪电河, 上都河라고도 한다) 유역의 목초지가 유력하다고 주장한다. 산뎬하는 정란기(正蓝旗)를 감싸고, 원상도 유지(元上都 遺址) 바로 남쪽을 동류하다가 둬룬(多论)에서 동남으로 흘러 롼하가 된다.

답사 8일 차, 하이라얼 숙소에서 아침 8시에 출발했다. 시내에서 곧바로 남쪽으로 방향을 틀어 초원으로 향하는데 끝도 안 보이는 도로 공사 구간이 나타났다. 흙만 깔린 구간을 통과하려니 차량이 매우 심하게 흔들렸다. 이번 여행에서 실감한 것은 비포장도로보다 공사 중인 길이 더 험하고, 파손된 길이 더 열악하다는 점이다. 요동치는 차에서 이를 구난팔조의 두 번째 난관으로 치부하면서 스스로 위

하이라얼 남쪽, 흉노고지로 향하는 길

흉노고지

흉노고지 위치와 답사 여정

안할 수밖에 없었다.

공사 구간이 끝나고 초원으로 나가자 다시 탁 트인 세상이다. 초록으로 짙어진 나무들이 많이 보이더니 '홍화얼지 장자송 국가삼림공원(红花尔基 樟子松 国家森林公园)'이란 안내 표지가 나타났다. 낮은 구릉을 간간이 지나고 끝없는 평지를 달리는 도중에 왼편 멀리 반짝이는 긴 띠가 보였다. 지도로 확인해 보니 눠간호(诺干湖)다. 평탄한 길과 평지에서 보는 웬만한 크기의 호수는 수평으로 길게 늘어진 흰 띠로 보인다.

202번 도로에서 203번 도로로 좌회전하자 완만한 경사지를 오르기 시작한다. 아얼산(阿尔山)에 가까워진 것이다. 우리는 아얼산시에서 점심 식사를 해결하려고 중심지로 들어갔는데, 진입로 공사로 차량 통행이 완전히 차단돼 있었다. 차량을 공사장 주변에 세워 두고 새색시 걸음걸이로 현장을 통과해 길 건너 작은 식당에서 점심을 마쳤다.

다시 길을 계속 달렸다. 도중에 약간 가파른 고갯길을 올라갔더니 고갯마루에 널찍한 주차 공간이 나타났다. 주차장 중간에 어른 키 정도의 자연석 조형물이 보였다. 백색 광물이 섞인 문양이 상상 속의 동물처럼 보였다. 구난팔조에 빠진 탁발선비 앞에 나타났다는 신수가 떠올랐다. 신수는 '말의 형상에 소 울음소리를 낸다'라고 되어 있다. 우리 일행은 이 문양을 답사팀 응원 신수로 간주하기로 하고 가벼운 마음으로 다시 출발했다.

탁발선비는 2차 남천에서 구난팔조의 난관에 봉착하기도 했지만, 이와 별도로 중대한 발전적 변화도 있었으니, 사서에 천녀(天女)의 전설로 기록되어 있다. 탁발선비 2차 남천을 이끈 수장 탁발힐분은 2차 남천 도중에 천녀와 조우하여 아들을 얻는다. 그가 바로 탁발선비 역사에서 중대한 전환점이 되는 탁발역미다. 사서의 기록은 이렇다.

어느 날 하늘에서 한 여자가 내려와 힐분에게 말했다.

"나는 천녀로서 천제의 명을 받아 당신과 결혼하고자 내려왔다."

이에 따라 두 사람은 하룻밤을 동침했고, 태양이 떠오르자 천녀는

하이라얼에서 우란하오터로 가는 길에서 만난 신수 석상

신수 괴석 옆의 오보

내년 오늘 이 자리에서 다시 만나자는 말을 남기고 하늘로 날아가 버렸다. 과연 다음 해 천녀가 하늘에서 내려와 힐분에게 갓난아이를 안겨 주었다.

"이 아이는 당신의 아들이다. 아이가 성장하면 당신 가문은 대를 이어 제왕이 될 것이다."

이렇게 말하고는 하늘로 돌아갔다는 것이다.

전설상의 아이가 바로 탁발역미다. 탁발선비는 역미로부터 종족의 역사 기록도 명확해진다. 역미는 전형적인 북방의 천손(天孫) 신화로 포장되어 태어난 것이다. 천녀와 천손이란 역미를 민족의 영웅으로 추앙하는 것 이상의 의미가 있다.

탁발선비가 대택에서 다시 남천할 때 몽골 초원의 북흉노는 이미 서쪽으로 떠났고, 남흉노는 한나라에 귀부하여 오르도스 지역으로 남하했다. 이때 초원에 남은 흉노의 부락 십여 만이 있었다. 탁발선비가 남천하면서 이들을 흡수했고, 이 사실을 《위서》는 천녀가 등장하는 신화 형태로 기록한 것이다. 탁발선비는 흉노 잔여 세력을 흡수함으로써 쇠락한 흉노를 대신할 수 있는 신흥 세력의 하나로 부상하기 시작했다. 이와 같은 몸집 불리기가 아니었더라면 5호16국이라는 치열한 중원의 경쟁 대열에 끼어들기조차 힘들었을지 모른다.

다음 날 답사 8일 차는 우란하오터(乌兰浩特)에서 바린좌기(巴林左旗)까지 400여km를 계속하여 초원을 가로지르는 여정이다. 길은 111번 국도, 북동에서 서남으로 이어지는 고속도로다. 도로변 풍경이 참 아름다웠다. 수수는 잎사귀를 미색으로 가라앉힌 채 붉은 알갱이의 수수 자루만 하늘로 내밀고 있었다. 길가에 널어 말리는 옥수수는 유난히도 밝은 노란색으로 초원을 채색했다. 초원은 파스텔 색조의 수채화가 되어 계절의 변화를 노래하고 있었다. 차창 밖의 초원은 아무리 바라봐도 질리지 않았다.

사막이 아름다운 것은 어딘가에 오아시스를 숨기고 있기 때문이고, 초원이 위대한 것은 거대한 역사를 품고 있기 때문이 아닐까. 초원을 바라보면 움직임이 없는 것 같다. 바람이 불면 키 낮은 풀이 몸을 잠시 숙여 줄 뿐이다. 그러나 작은 움직임은 광막한 초원에서 엄청난 에너지를 축적하다가 어느 순간 초원의 영웅이 깃발을 흔들면 마그마처럼 끓어올랐다. 그것은 어느 순간 폭발하고 광풍이 되어 세상을 뒤흔들었다. 중원 문명이 한 무제 이후 생기를 잃어 가고 후한 말 바닥에 주저앉았을 때, 탁발선비는 북방에서 몸을 일으키기 시작했다. 종국에는 북방의 에너지에 남방의 문명을 융합해 대당(大唐)이라는 세계 제국을 이룩한 것이다. 이것은 동아시아 역사, 나아가 세계사에 새로운 장을 연 인류사의 위대한 진보다.

탁발선비를 비롯한 북방 민족들이 남하하여 5호16국 시대를 열었을 때 유럽에서도 비슷한 변화가 일어났다. 북흉노가 유럽에 훈족이란 이름으로 등장하여 게르만족을 공략했다. 게르만족은 서쪽과 남쪽으로 밀려가면서 나태해진 로마 제국을 무너뜨렸다. 붕괴된 유럽은 새로운 시대를 열지 못하고 중세 암흑기로 빠지고 말았다. 남북을 융합해서 새로운 역사를 펼친 대당제국의 동아시아와는 정반대의 결과였다.

탁발선비가 남겨 둔 또 다른 후예는 실위, 몽올실위(蒙兀室韋)를 거쳐 몽골의 칭기즈 칸이라는 세계사적 영웅을 배출했다. 칭기즈 칸은 유라시아 초원에 거대한 바람을 다시 일으켰다. 몽골 제국은 남으로는 문약(文弱)한 송나라를 복속하고, 서로는 유라시아를 휩쓸고 중세 암흑에 갇혀 있던 유럽을 공략했다. 그들은 유라시아 초원을 종횡으로 누비면서 동서 문명을 융합하는 인류사의 대폭발을 일으켰다. 그 결과 그때까지의 역사에서 볼 수 없었던 '새로운 세계사'가 펼쳐진 것이다. 유럽을 암흑에서 깨어나 르네상스 시대로 넘어가게 한 것은 바로 유라시아 초원에 분 바람이었다.

21세기 밀레니엄을 맞이하며 〈워싱턴 포스트〉, 〈타임〉, 〈뉴욕 타임스〉 등은 지난 밀레니엄에서 가장 중요한 인물로 칭기즈 칸을 선정했다. 이것은 칭기즈 칸을 정복과 살육의 주역으로 보는 데 그치지 않고 그 정복을 통해 이루어 낸 동서 문명의 거대한 융합에 주목했기 때문이다. 이와 같은 시각으로 칭기즈 칸 이전 밀레니엄에서 가장 중요한 동아시아 인물을 뽑으라면 나는 주저없이 탁발선비를 뽑을 것이다. 남북과 호한의 융합이라는 역사적 진보는 그렇게 평가받는 게 온당한 것이 아닐까.

창밖의 초원 풍경에 취해서 400여*km*를 부지런히 달린 덕분에 오후 2시경 바린좌기에 가까워졌다. 후룬호 인근과 완궁에 이어 선비족 고묘가 발굴된 곳은 바린좌기 북쪽 40*km*에 위치한 양자잉쯔촌(杨家営子村)이다. 1962년, 인근 산등성이에서 20여 개 묘지를 발굴하여 분석한 결과 삼국시대에 남천한 탁발선비의 고묘로 확인되었다. 우리는 치카와 완궁에서 겪은 경험에 비추어 핀포인트로 발굴 지점을 확인하기보다는 2차 남천의 경로를 확인하는 것으로 만족하고, 흉노고지 이후의 탁발선비 답사에 시간을 더 할애하는 것으로 당초 계획을 수정했다.

바린좌기는 거란의 땅이다. 거란족 요나라에는 다섯 개의 수도가 있었다. 가장 북쪽에 있던 상경(上京)이 바로 바린좌기이다. 우리는 바린좌기 교외에 있는 소묘(召廟)에서 요나라 시대에 창건된 석굴 진적지사(眞寂之寺)와 요 상경(遼上京) 유지를 답사하기로 했다.

소묘 입구에 서 있는 무성한 느릅나무[楡樹]가 눈길을 끌었다. 느릅나무는 균전제와 직접 통하며, 북위에서는 균전제를 실시했다. 균전제는 단순히 균분이상(均分理想)을 실현한 토지제도가 아니다. 백성에게 일정한 땅을 나눠 주고, 재배 작물을 지정하고 생산량을 정해 주

우란하오터에서 바린좌기 가는 길의 초원 풍경

는 할당 생산제였다. 공급한 땅 가운데 상전(桑田)에서는 뽕잎을 생산했다. 뽕나무가 자라지 못하는 지역에서는 느릅나무[楡]와 대추나무[棗]를 심게 했는데, 이를 유조전(楡棗田)이라 한다. 새로운 왕조를 세우는 것은 정치력과 군사력이 우선이지만, 정권이 지속되고 발전하려면 경제력의 증강과 사회적 안정이 중요하다. 경제력이란 백성을 편안하고 부유하게 하고, 충성심과 납세 능력을 키워 더 강력한 정치력을 창출해 내는 힘의 원천이다. 탁발선비가 정벌 전쟁만으로 패자가 된 건 당연히 아니다. 문화적 통합과 함께 경제적으로 안정되었기 때문에 대업을 이룬 게 아니겠는가.

이들은 비단 생산을 위해 뽕나무를 심었고, 대추나무를 심어 부족한 과일을 보충했다. 대추는 화북 지방에서 거의 유일한 과일이었다. 느릅나무는 목재와 약재로 사용했을 뿐만 아니라 흉년이 들면 껍질로 가루를 내어 생명을 이어 주는 구황식품이 되기도 했다. 속설에 의하면 마르코 폴로가 이 지역의 분식(粉食) 기술을 고향에 전함으로써 이탈리아에서 스파게티가 출현했다고 한다.

요나라 상경의 성곽은 '日' 자 형태로 남과 북이 구분된 특이한 구조이다. 북쪽은 황성(皇城)으로 궁전과 관아, 사찰들이 있었고, 남쪽은 한성(漢城)이라 하여 각지에서 차출된 공인(工人) 등 한인(漢人)들이 거주하는 구역이었다. 황성과 한성 사이에는 동서로 물이 흘렀다. 이것은 거란의 독특한 지배 구조인 이중 체제가 도성 구조에 그대로 적용된 것이다.

소묘 입구의 무성한 느릅나무

거란은 5대10국의 혼란기에 전란을 피해 북으로 이주해 온 한인들을 수용했다. 거란족과 유목민들은 국족(國族)이라 하여 국족의 전통과 습속에 의해 다스리고, 한인은 한족의 문화와 전통을 유지시키면서 한인을 내세워 통치했다. 역사에서는 이것을 거란의 이중 체제라고 한다. 이 통치 시스템은 흉노의 약탈형 체제나 탁발선비의 융합 체제와 다르고, 한인을 철저하게 차별한 몽골과도 다른, 거란의 지배 전략이다.

요 상경 유지까지 둘러본 후 숙소 명칭에 호감을 느껴 예약했던 거란빈관(契丹宾馆)에 투숙했다. 저녁 식사 중 눈이 펑펑 쏟아졌고, 이튿날 아침에 되니 꽤 많이 쌓여 있었다. 정란기까지 430㎞를 이동해야 할 여정에 눈까지 내리다니……. 요 상경 박물관이나 남탑, 북탑 등의 유적지는 포기하고, 이동 방향과 같은 요나라 창업자 야율아보기(耶律阿保機, 재위 916~926)의 조릉(祖陵)만 둘러보기로 했다.

조릉은 세 개의 산이 둘러싸고 남쪽으로 능곡 입구가 좁게 열린 곳에 있었다. 착산위전(鑿山爲殿)이라 하여 산 중턱에 굴을 파고 매장한 것이라 별도의 봉분은 없었다. 그런데 밤새 내린 눈이 녹으면서 진입로 흙길이 엉망이 되어 있었다. 조릉 입구 가까이에 있는 석방자(石房子)까지 갔다가 할 수 없이 차를 돌려 내려가기로 했다.

요 상경 유지(위), 요 상경 유지 발굴 작업(아래)

조릉 입구 석방자(위), 흰 눈이 살짝 쌓인 산의 풍경(아래, 사진 엄문희)

차를 돌리는 데에도 바퀴가 헛도는 바람에 애를 먹었지만, 주변 설경은 아름다운 화폭이 되어 있었다. 여름과 가을의 색상 위에 흰 눈이 쌓이니 상상, 그 이상의 풍광이 된 것이다. 가까이 또는 멀리 보이는 산들은 흑백 수묵화가 되었고, 눈이 살짝 덮인 느릅나무의 초록 잎사귀와 갈색의 풀은 파스텔로 그린 그림이었다. 짙붉은 수수 뭉치를 하늘을 향해 내밀고 있는 수수밭은 한 폭의 유화가 되었다. 역사 기행을 잠시 내려놓고 자연 풍광에 흠뻑 빠져들었다.

바린좌기에서 출발한 당일 여정은 조릉을 거쳐 정란기에서 숙박하는 것으로 정했다. 그런데 9월 말의 첫눈이 살짝 덮인 초원 풍경에 취한데다, 날씨 탓에 운행 속도를 늦추는 바람에 많은 시간을 지체했다. 430㎞의 장거리를 달린 끝에 정란기에 도착했을 때는 하늘이 이미 검게 변해 있었다.

초원과 눈 내린 산의 설경이 어우러져 있다.

탁발선비

탁발역미

성락시대 중원으로
뛰어들 태세를 갖추다

원 상도 유지에 있는 쿠빌라이 조상

답사 11일 차,

산덴하를 지나 초원지대에서

선비족 이후 유목 역사의 절정을 연출했던 쿠빌라이의 원 상도 유지를 둘러보고,

탁발역미가 거쳤던 장천 지역을 지나 후허하오터까지 가기로 했다.

답사 11일 차, 정란기를 떠나 산뎬하로 향했다. 산뎬하는 정란기 북쪽을 동류하여 원 상도 유지(元上都 遺址) 입구 바로 남쪽으로 흘러간다. 나무 한 그루 없는 초원이며, 북위 42도로 백두산과 위도가 같다. 행정 구역으로는 네이멍구자치구에 속하지만, 허베이성 경계와 직선거리로 30㎞, 베이징 장성과는 220㎞ 거리다.

원 상도 유지는 정란기에서 북동으로 30㎞ 거리다. 초가을 초원의 상쾌한 아침 바람이 다가온다. 상도는 원 세조 쿠빌라이가 스스로 대칸(大汗)에 등극했음을 선포한 곳이다. 그 후 베이징을 대도(大都)로 정하면서 이곳은 상도라 하여 쿠빌라이의 여름 궁전을 두었다. 산뎬하는 상도 남문 앞을 흐르기 때문에 상두하(上都河)라고도 한다.

원상도 유지 입구에는 좌우 10m 정도의 큰 바위에 '元上都遺址 Site of Xanadu'라고 새겨져 있다. 'Xanadu(제너두)'는 이상향이란 뜻이다. 이탈리아 베네치아 출신 마르코 폴로가 그의 책《동방견문록》에서 이곳을 동방의 이상향으로 묘사하면서 몽골어 '새너두(Sanadu)'가 'Xanadu'로 유럽에 전해진 것이다. 영국 시인 새뮤얼 테일러 콜리지는 〈쿠블라 칸(Kubla Kahn)〉이라는 시(詩)에서 제너두를 신비롭게 묘

元 上 都 遗 址
SITE OF XANADU

원 상도 유지 입구에 있는 거대한 표지석

사함으로써 서양인에게 호기심을 불러일으켰다. 제너두는 현대에도 신비한 뉘앙스로 통한다. 1977년 캐나다 록 밴드 러쉬(Rush)가 발표한 노래 〈제너두〉도 유명하고, 1980년에 같은 제목의 할리우드 영화도 개봉되었다. 2012년에는 원 상도 유지가 유네스코 세계유산으로 등재되기도 했다.

입구의 쿠빌라이 조형물도 인상적이다. 좌우로 군신과 비빈, 시종을 거느리고 두 다리를 쩍 벌린 채 의자에 앉아 있는데, 그 압도적인 당당함에 주눅 들 정도다. 매서운 눈매, 날렵하게 다듬은 수염, 굳게 다문 입술, 어느 한 곳도 빈틈없어 보이는 초원의 영웅이다.

상도의 성벽은 정사각형에 가까운 외성이 있고, 외성의 동남부에 황성이, 황성 중앙에 궁전이 자리 잡고 있었다. 지금은 성벽 일부와 궁전의 기단부만 남아 있다. 한때 세계 제국의 권력이 머물렀던 곳이지만, 지금은 역사의 흔적만 남기고 있을 뿐이다.

탁발선비가 원 상도 유지 산뎬하 지역에 도착했을 때 탁발선비의 수장은 힐분(詰汾, 재위 213~220 추정)이었고, 이어서 아들인 역미(力微, 재위 220~277)가 대를 이었다. 탁발선비가 남천하면서 흉노의 잔여 부중(部衆)을 흡수했다고는 하지만, '북방 리그'에서는 아직 신출내기에 지나지 않았다. 사서의 기록을 종합해 보면 역미는 174년에 태어나 277년

104세까지 살았고, 이 가운데 탁발선비의 군장(《위서》에서는 황제)으로 재위한 것은 57년이나 된다.

탁발역미 통치 초기에 탁발선비 세력은 그리 강한 편이 아니었다. 220년에는 선비족 서부 대인(大人)의 습격을 받아 부중이 흩어지고, 역미는 오원(五原, 현 네이멍구자치구 바오터우包头 서남)으로 패퇴했다. 역미는 몰록회부(沒鹿回部)의 대인 두빈(竇賓)에게 몸을 의탁하고 때를 기다리다가 장천으로 이동하여 다시 세력을 키웠다. 이후에는 성락(盛樂, 현 후허하오터 허린거얼현和林格尓县)으로 이동해 이곳에서 마침내 틈을 비집고 도약할 기회를 만들었다. 몰록회부가 다른 부족과 벌인 전투에서 두빈이 죽을 위기에 빠졌으나 역미가 자신의 말에 태워 가까스로 구해 냈던 것이다. 두빈은 역미의 충성에 감동하여 자기 세력권의 절반을 주겠다고 했으나 역미는 겸손하게 사양했다. 두빈은 자신의 딸을 주고 역미가 부중을 이끌고 장천으로 갈 수 있도록 허락했다. 역미가 장천으로 가자 사방으로 흩어져 있던 탁발선비 부중들이 하나둘씩 합류해 오면서 역미의 세력은 강대해졌다. 두빈은 고양이를 방기하여 호랑이로 키운 셈이다.

답사 일행은 원 상도 유지를 나와 지닝(集宁)으로 향하면서 장천을 거쳐 가기로 했다.

장천에서 힘을 키워 가던 탁발역미에게 또 하나의 기회가 다가왔다. 장인 두빈이 사망한 것이다. 역미는 두빈의 딸인 자기 부인을 살해한 후 두빈을 계승한 처남을 공격하여 몰록회부를 모두 흡수했다.

역미의 잔인한 처족 살해는 약육강식 혼란기의 생존쟁투를 적나라하게 보여 주는 사례다. 역미는 몰록회부를 삼킨 다음 계속해서 주변 부락을 정복해 나갔다.《위서》는 역미가 정복한 대상을 '士馬二十餘萬(사마이십여만)'이라고 기록하고 있다. 탁발선비는 역미 시대에 초원의 새로운 강자로 올라선 것이다.

258년을 전후해서 역미는 탁발선비 부중을 이끌고 오원에서 성락으로 이동했다. 선비족의 두 번째 영웅 가비능이 죽은 이후였으니, 막남(漠南, 고비사막 이남) 초원에 중심 세력이 제대로 형성되기 전이었다. 역미는 이런 정세 속에서 여러 부락들을 복속시켜 탁발부를 중핵으로 하는 부락 연맹을 이뤘다. 연맹 규모는 크지 않았으나 종족 구성은 복잡했다. 연맹을 이끄는 탁발선비의 여덟 개 부락[宗室八姓] 이외에 75개 부락이 있었다. 이 가운데는 '내입제성(內入諸姓)'으로 통칭하는 흉노, 정령, 유연, 오환의 부락이 포함돼 있었다. 그 외에 조공을 바치는 부락이 35개나 되었다.

역미는 탁발선비의 힘을 키우는 한편, 중원과 우호 관계를 유지했다. 그는 제천행사에서 말했다.

"우리는 흉노가 한나라를 수시로 침략하고 재물 약탈을 감행하여 한나라의 지속적인 공격을 초래함으로써 심각한 손실을 보았던 치욕을 보아 왔다. 이것은 장기적인 방편이 될 수 없다."

치밀하게 전략적 사고를 했던 역미는 위(魏)나라와의 화친을 위해 장자인 사막한(沙漠汗)까지 인질로 보냈다.

그런데 사막한이 인질살이를 마치고 귀국하는 길에 선비족의 다른 대인들에게 죽임당하는 일이 일어났다. 사막한이 죽은 이유에 대해 사서에는 각기 다른 세 가지 기록이 전한다. 그의 동생들이 가한의 계승권을 빼앗기 위해 참언했다는 기록이 있고, 영명한 사막한이 훗날 문젯거리가 될 것임을 염려한 진나라의 유주 자사가 선비족 대인들을 사주하여 살해했다는 이야기도 있다. 대인들이 탁발역미의 명을 받아 사막한을 영접했는데, 사막한이 이미 중원의 한인 문화에 많이 동화되었음을 알고 대인들이 탁발역미에게 참언하여 죽였다는 이야기도 있다. 어느 것이 정확한지는 분간하기 어렵다. 다만 사막한이 사망한 해에 역미까지 죽었다는 사실을 봐서는 탁발선비 내부에 심각한 권력 투쟁이 있었던 것은 분명한 것 같다.

역미에게는 장자 사막한과 차남 실록(悉鹿), 작(綽), 녹관(祿官)이라는 네 아들이 있었다. 가한 자리는 형제들에게 차례로 돌아갔다. 실록이 277~286년, 작이 286~293년에 재위한 후 사막한의 아들 불(弗)이 계승했으나 1년도 지나지 않아 숙부인 녹관에게 죽임당했다. 이것으로 보면 탁발선비의 계승 원칙은 부사자계(父死子繼)가 아니라 형종제급(兄終弟及)이었음을 알 수 있다. 탁발녹관이 가한에 올랐을 때 탁발선비를 동, 중, 서 3부로 나눠 동부는 직접 통치하고, 사막한의 아들 의이(猗㐌)가 중부를, 의로(猗盧)가 서부를 통치했다. 이는 탁발선비의 군장 계승에서 형제상속과 부자상속이 갈등을 빚은 결과다.

탁발의이의 중부는 막북의 초원을 정복하면서 세력을 키워 갔다.

탁발의로 초상화

서부는 하서주랑(河西走廊)을 따라 북서쪽으로 발전했다. 그러나 녹관의 동부는 처음과 달리 정체기에 빠졌다. 306년 의이가 병사한 후 아들이 계승했으나 부친의 능력에 미치지 못하자 탁발선비 중부가 장악했던 부락들은 와해되었다. 308년에는 녹관마저 병사하자 서부의 가한이었던 의로가 3부를 모두 흡수하여 탁발선비는 재통일이 되었다. 통일 후 탁발선비의 세력은 다시 커져 갔다.

탁발힐분이 2차 남천을 감행하여 흉노고지에 도착한 이후 탁발역미를 거쳐 북위를 세우기까지의 역사는 후허하오터시 서남부에 있는 허린거얼현의 성락(盛樂)박물관에 잘 모아져 있다.

답사 12일 차 아침, 지닝에서 성락박물관을 향해 출발했다. 성락박물관 남쪽에는 시거우촌(西沟村)이란 마을이 있는데, 일부 학자들은 북위 초기의 일곱 황제들의 능원인 금릉(金陵)이 이 마을 인근인 것으로 추정하고 있다. 중국 황제 가운데 능원의 존재 자체가 확인되지 않은 보기 드문 사례라서 '금릉의 미스터리'라고도 한다. 이 마을을 거쳐서 성락박물관으로 향했다.

지닝에서 6번 고속도로를 타고 후허하오터로 가다 지방도로로 바꿔 남쪽으로 내려가 다이하이(岱海) 호수 근처에서 24번 고속도로를 타기로 했다. 이날은 바로 중국 최대의 휴일인 국경절 연휴의 첫날이었는데, 아침부터 꽤 굵은 비가 내렸다. 높은 습도에 한기까지 실려 있었다. 지방도로 주유소에서 연료를 보충하며 따뜻한 커피로 한기를 달랬다. 땅이 넓은 나라는 변두리 주유소도 꽤 넓다. 배구 코트 넓이의 주유 공간 전체를 지붕으로 가려 놓았기 때문에 선 채로 커피 한잔하기에는 안성맞춤이었다. 지붕 바깥에서 빗소리가 교향곡처럼 울려 들어오는 듯했다.

그런데 곧 난관에 봉착했다. 다이하이 근처에서 24번 고속도로로 진입하는데 승합차의 진입을 불허하는 게 아닌가! 국도 고속도로에서는 당연히 통행에 문제가 없었는데, 자치구 정부에서 관리하는 성도(省道) 고속도로는 관리 기준이 다르다는 것이다. 승용차와 화물차는 진입에 문제가 없는데 중간 크기의 승합차는 금지한다는 것이다. 아무리 사정해도 통하지 않았다. 할 수 없이 이동 시간의 손실을 감수하고 지방도로를 타고 가기로 했다. 노면은 불안정하고 비까지 내려 길은 곳곳이 침수된 상태였다. 산 고개를 넘어가는 길에서는 더욱 심했다. 번듯하게 포장했지만 망가진 길은 더 엉망이다. 여기서도 가장 힘든 길은 '없는 길'이 아니라 '망가진 길'이었다.

이날 교통 상황은 최악이었다. 목적지인 시거우촌에 도달한 것이 분명한데, 이번에는 공사 중이니 우회하라는 표지판을 만났다. 안내원도 없는 빗물만 흥건한 공사판이 눈에 보였다. 잠시 주저하다가 표지판의 안내대로 돌아가기로 했다. 덜컹거리며 30㎞는 더 돌아갔다.

허린거얼에 도착해서는 급한 대로 허름한 식당에서 점심을 때웠다. 비 오는 시골 식당에서 다른 손님 하나 없이 우리만 식사 중이었다. 다행인 것은 음식이 먹을 만했다는 것이다. 식사 후 우리 일행은 시거우촌을 계속 찾아보기로 했다. 현지인의 설명에 의하면 그리 멀지 않았다. 약 15분 정도 가니 좀 이상했다. 도로 공사 중이니 돌아가라고 했던 바로 그 표지판이 다시 나온 것이다! 30㎞나 돌아왔는데 와 보니 통행 가능한 길이었고, 기껏해야 5~6㎞밖에 되지 않는 거리였던 것이다. 모두 허탈한 웃음을 한바탕 쏟아내고는 시거우촌으로 들어갔다. 궁벽한 마을이라 사람들이 보이지 않았다.

《위서》에는 북위 초기 일곱 황제의 능원은 모두 성락의 금릉(金陵)이라고 기록돼 있다. 그러나 발견된 것은 한 기(基)도 없다. 도굴됐다고 해도 능원 자체는 확인이 가능한데, 이조차도 없다니. 지형을 둘러보는 것도 마땅치 않았다. 비는 계속 내리고 박물관 관람 시간을 놓칠까 싶어 '통과성 답사'로 마감하기로 하고 성락박물관으로 향했다. 박물관에 도착하니 비로소 하루 종일 따라다니던 비가 그쳤다. 이날은 날씨마저 꽤 비협조적이었다.

성락박물관 광장에는 북위를 세운 도무제 탁발규(珪)의 멋진 동상이 보였다. 앞발을 치켜든 말 위에서 채찍을 흔들고 있는 장군 형상이다. 그 옆에는 역미, 의로, 육률, 십익건 등 4인의 석상도 함께 있었다. 북위 황제 이전 탁발선비 수장의 상은 이번 답사 여행 전체를 통틀어서 이것이 전부였다. 중국에는 역사적 인물도 많고 황제들도 많다고 하지만, 탁발선비가 거대한 호한융합의 역사를 창출해 낸 것

비 내리는 성락박물관

始祖神元皇帝力微

拓跋力微 (公元174-277年), 鮮卑拓跋氏部首, 其...

穆皇帝猗卢

拓跋猗卢 (?-316年)...

성락박물관 광장에 서 있는 탁발역미 석상(왼쪽), 탁발의로 석상(오른쪽)

에 비하면 꽤나 소홀한 대접이다. 중원 사가들은 오랫동안 중원이 북방 민족들에게 군사적으로 패배하고 정치적으로 억눌린 것을 중화주의 관념으로 희석하여 '한화(漢化)'라고 주장해 왔다. 탁발선비뿐 아니라 북방의 권력 집단을 야만 종족으로 폄하하면서 모두 한족 문화를 선망하여 동화되었다는 방식으로 치부해 왔으니, 이런 푸대접이야말로 중화주의 소산의 하나인 것이다.

박물관 지붕 위에 오르니 서쪽으로 성락고성 유지가 시원하게 펼쳐져 있다. 상당히 넓은 지역을 블록별로 작게 구분하여 발굴한 뒤, 발굴 후에는 원래 상태로 복구했기 때문에 현재는 개활지가 되어 밭농사를 짓고 있을 뿐이다.

성락은 탁발선비 자신들의 국가를 만들어 낸 요람이다. 탁발의로(猗盧)는 이곳에서 310년에 대국(代國)을 세웠다. 그 이후 386년에 도무제 탁발규가 북위를 세우고 평성으로 수도를 옮겨 갈 때까지 성락은 탁발선비의 중심지였다. 당시 역사에서 큰 걸음을 뗀 곳이 바로 이곳이다.

이곳은 1971년 고성 유적이 확인된 이후 수차례에 걸쳐 대대적으로 발굴됐고, 2007년에는 탁발선비를 테마로 한 박물관이 건립되었다. 성락박물관은 고성에서 출토된 유물부터 각종 도판과 서화, 조형물 등으로 탁발선비 역사를 말해 주고 있었다. 답사팀은 일일이 사진으로 기록하면서 살펴 나갔다. 탁발선비의 포효가 귓가에 울리는 느낌이었다.▶

북방기행 7

중원의 몰락

남북 사생결단의
참혹한 결말

답사 21일 차,

산시성 린펀으로 향했다. 린펀은 중원 문명의 발상지인 평양이며,

요, 순, 우, 3황 선조에게 제사를 지내는 요묘가 있는 곳이다.

탁발선비의 북위가 대당제국까지 이어질 수 있었던 것은 호한의 충돌과 갈등으로 점철된 5호16국 시대가 있었던 덕분이다. 북위는 갈등과 충돌 속에서도 타협 전략을 추진했다.

5호(五胡) 중 흉노가 한(漢, 훗날 전조前趙로 개칭)을 세움으로써 시작된 5호16국 시대는 문자 그대로 혼란에 빠진 전란 시대였다. 주지하다시피 흉노, 선비, 저, 강, 갈의 5개 종족은 중원 또는 그 인근에 각자의 나라를 세웠다.

선비족의 일파인 탁발부는 가장 늦은 시기에 중원 땅에 도착했다. 5호16국을 '북방 리그'라 칭한다면, 탁발선비가 대국(315~376)과 북위(386~534)로 이어 가면서 북중국 통일을 이룬 것은 후반전에 교체 멤버로 들어가 종료 직전에 결승골을 넣은 격이었다. 사실 북방 리그의 챔피언은 전진(前秦)의 부견이 차지할 가능성이 컸다. 그러나 전반전을 석권한 전진이 383년 비수의 전투에서 남방의 동진(東晉)에게 예상 밖의 참패를 당하여 북방 리그는 다자간 혈투로 후반전을 지속하게 됐다. 이 과정에서 탁발선비는 대국을 재정비하여 북위로 업그레이드한 다음 북방 리그를 주도했다. 결국 439년 북중국을 통일하여 창강 이남 남조와의 포스트시즌에 나설 수 있었던 것이다.

흉노는 5호16국 시대 훨씬 이전에 북방의 최강자로서 유목 제국을 세웠다. 그들은 한 고조 유방, 한 무제 유철과 그들의 후예들로 이어지는 한나라와 수백 년간 대륙의 패권을 다퉜다.

한 고조 유방은 중원을 차지하기는 했으나 흉노로부터는 치욕적인 화친을 강요당했다. 그 이후 화친이라는 이름으로 포장한 굴욕은 80년간 지속되었다. 한나라가 전쟁을 회피함으로써 내부적으로 국력이 탄탄하게 축적되자 한 무제는 선대가 만들어 놓은 굴욕의 화친 체제를 깼다. 한 무제는 흉노에 대해 42년간 북벌전쟁을 벌여 선조 유방의 치욕을 어느 정도 갚았다. 그러나 한나라 역시 흉노와의 버거운 전쟁 속에 내부에 골병이 들었다.

흉노는 후계 분쟁 등의 내부 갈등 속에 북흉노와 남흉노로 갈라진 채 쇠퇴의 길로 빠져들었다. 남흉노는 북흉노와 다투려고 남방의 한나라와 동맹을 맺었고, 남흉노-한 연합군은 북흉노를 격파했다. 북흉노는 초원의 서쪽으로 밀려났다. 남흉노는 외부 세력을 끌어들였기 때문에 남의 한과 북의 흉노라는 세력 균형에서는 위축될 수밖에 없었다. 북흉노를 패퇴시켜 북방 초원에서 축출했지만, 실제 남흉노에게 남은 것은 한나라의 용병이나 노예 신세로 전락한 것뿐이었다.

후한은 후한대로 어린 황제를 둘러싼 환관과 외척의 갈등 속에서 몰락했고, 조조의 위나라를 거쳐 사마씨의 진(晉)으로 역사가 바뀌었다. 한(漢)-위(魏)-진(晉)으로 이어지는 농경 문명의 왕조는 진에 이르러 팔왕의 난 등으로 내부적으로 더 심각하게 와해되었다.

이 틈을 타서 유연(劉淵, 재위 304~310)이 304년 10월 흉노의 남은 부중을 결집하여 한(漢) 왕조를 세웠다. 흉노는 서진(西晉)마저 유린하고 5호 16국의 북방 리그의 선두주자가 되기에 이르렀다. 이 과정에서 흉노 족장인 가짜 유씨 유연(劉淵)이 다름 아닌 한(漢)이란 국호로 내걸고 정통 유씨 한나라의 후예인 서진을 궤멸하는 역을 맡은 게 됐다. 하늘은 되갚아 주기를 좋아한다고 역사에 이르고는 있지만 이런 되갚기가 또 어디 있으랴!

중원과 북방이 사생결단을 낸 결과는 오늘날에도 되새겨 볼 일이다. 유방은 자신의 한계를 얼른 알아차리고 전쟁을 절제하고 굴욕의 모양이긴 하지만 화친을 했다. 말이 화친이지 흉노가 요구하는 엄청난 양의 물자에 공주나 궁녀까지 얹어 보냈다. 외교에서는 굴욕이지만, 국내는 안정되고 경제가 성장하면서 백성들은 행복하고 국력은 오히려 강력하게 성장했다.

그러나 한 무제는 80년간 축적된 국력을 바탕으로 유방과는 정반대의 강경책을 펼쳤다. 사생결단의 전쟁을 벌인 것이다. 그 결과 흉노에 대해 반의 승리를 거두긴 했다. 그러나 부서진 흉노는 새떼처럼 흩어졌다가 선비라는 새떼가 되어 다시 날아왔을 뿐이다.

더 엄중한 결과는 이 과정에서 한나라의 국력이 완전히 거덜 났다는 것이다. 한 무제는 결국 윤대의 서(輪臺의 書)를 통해 더 이상 전쟁을 하지 않겠다고 스스로 선언했다. 그러나 너무 늦었다. 전쟁 과정에서 신하들과의 갈등도 상당했다. 그 와중에 궁형까지 당한 사마천은 《사기》를 써서 후세에게 역사라는 교훈을 남겼다.

황태자와의 갈등도 터져 황태자가 자살하여 별안간 후계자 자리가 공백이 되었다. 그 이후 어린 황제가 즉위하자 섭정을 통해 외척이 기승을 부렸다. 어린 황제가 성장하면서 환관을 동원해서 외척 세력을 제거하지만, 또다시 반격당해 황제가 피살되는 악순환이 이어졌다. 그렇게 한나라가 망한 결과가 왕망(王莽)의 신(新)나라다.

한 무제의 42년 전쟁은 흉노에 대해 승리한 것처럼 보이지만, 실제로는 스스로를 철저하게 파괴한 것이다. 황제의 권위를 위해 사생결단을 내는 전쟁이 멋있어 보일지 모른다. 그렇지만 백성의 삶과 역사의 진보라는 면에서는 유방의 화친이 훨씬 유의미하지 않았을까. 전쟁을 회피하려고 퍼주는 화친은 그 이상의 가치가 있다는 게 역사의 교훈이다.

흉노 족장 유연이 선우(單于, 흉노의 군장)에 올라 한나라를 세운 곳은 좌국성(左國城), 지금의 산시성 뤼량시(吕梁市)이다. 답사 20일 차에 유연의 한나라 흔적을 찾아 뤼량시에 갔다. 뤼량시 중심에서 북으로 25km를 올라가면 팡산현(方山县) 난촌(南村)이란 마을에 좌국성 유지가 있다. 난촌에 도착해 현지인들에게 몇 차례 수소문을 하고 문물 지도와 대

조하여 좌국성 토성 성벽이 남아 있는 곳을 찾았다. 그러나 차량은 통행이 불가능한 황토 고원 높은 곳에 위치해 있었다. 수많은 통일 왕조가 명멸했던 중원인 만큼 군소 왕조의 유지에 별다른 표시가 있으리라 기대하지는 않았지만 허망한 마음을 감출 수는 없었다.

유연

한 시대에 드넓은 북방 초원을 호령하고 중원에 대해 약탈을 국가의 수익 모델로 구축했던 이들이 마지막 불꽃을 어떻게 쏟아 냈는지 짚어 보지 않을 수 없다.

앞서 설명한 바와 같이 흉노는 한나라의 끈질긴 공세 속에 1세기 중엽, 내부의 후계 갈등으로 북흉노와 남흉노로 분열했다. 남흉노는 한나라에 귀부하고, 한나라와 남흉노 연합군에게 협공당한 북흉노는 서쪽으로 밀려났다. 남흉노는 북흉노와의 경쟁에서는 승리했으나 결국 한나라에 복속되는 치욕을 당해야 했다. 명목상으로 자치를 유지했으나 본래의 흉노와 같은 처지는 아니었다. 3세기 초 중원의 강자로 올라선 후한 말의 조조 (曹操)는 흉노의 자치를 인정하지 않고 좌, 우, 남, 북, 중 5부로 분할하여 통치하기에 이르렀다. 이후 5부 체제는 사마씨의 서진(西晉)에서도 존속되었다. 흉노인은 경제적으로 한인(漢人) 사회 속에서 대부분 소작인으로 전락했다. 게다가 302~303년 북중원에 큰 기근이 들면서부터 인신매매 시장에 노예로 팔리는 흉노인이 부지기수였다.

흉노가 조조에 의해 5부로 분할되어 있을 때 좌부의 수장은 유표(劉豹)였다. 흉노의 선우가 중원 방식의 성씨로 바꾼 것이 바로 유씨다. 유표가 죽자 그의 아들 유연이 자리를 이어받았다. 유연은 280년 북부 흉노의 수장인 북부도위로 임명되었다. 사서는 유연에 대해 이렇게 기록하고 있다.

형법을 명확히 하고 간사한 것을 금하며, 재물을 가벼이 여기고 베풀기를 좋아하며, 사람들을 진심으로 대접하여 5부의 인물들이 모두 그에게 마음을 의지하였다.

이런 가운데 서진에서는 '팔왕의 난'이란 전대미문의 자멸 '막장' 드라마가 시작되면서, 성도왕 사마영이 유연을 업(鄴)으로 불러 자신의 장수로 삼았다. 유연을 통해 흉노의 군사적 역량을 자기 것으로 끌어들인 것이다.

한편 한인의 멸시 속에서 살던 흉노인 사이에서는 서진의 내분을 틈타 독립하려는 움직임이 일어났다. 그들은 유연을 선우로 옹립하려 했으나 유연은 사마영에게 포로로 잡힌 것과 다름없는 상태였다.

이때 사마영이 팔왕의 난 와중에 궁지에 빠지자, 유연은 흉노 군대를 끌어오겠다는 핑계를 대고 사마영의 휘하에서 흉노 지역으로 탈출했다. 유연은 304년 10월 좌국성에 모인 5만 흉노 병사의 추대를 받아 스스로 대선우(大單于)임을 선언하고 한왕(漢王)으로 칭했다. 유연의 한나라 건국은 같은 해 저족(氐族)이 쓰촨성에서 성국(成國)을 세운 것과 더불어 5호16국 시대를 개막하는 신호탄이 되었다.

그러면 중원의 한나라를 계승하여 대륙을 통일한 서진은 왜 북방 리그에서 패퇴하여 창강 유역에 동진(東晉)을 세우는 지경에 빠지게 된 것일까?

탁발선비가 역미와 사막한에서 의로의 시대까지, 분열과 통합을 반복하던 3세기 말에서 4세기 초까지 중원도 격동했다. 조조는 위나라(220~265)를 세웠고, 아들 조비는 한나라 황제를 폐하고 제위에 올랐다. 위나라 초기에는 참신한 기풍과 상무정신이 살아 있었으나 곧 귀족사회의 퇴행에 침수되기 시작했다. 구품관인법(또는 구품중정제)은 조조가 처음 도입한 의도와는 달리 위나라 왕실과 건국 공신까지 통치계급을 급속히 귀족화했다. 정권의 지주가 되었던 근위무사는 문약한 관료들에게 밀리고 왕실은 내분에 빠져들었다.

이런 와중에 사마의(司馬懿)가 실권을 장악하고 호족 세력의 지지를 기반으로 민심을 수습하는 한편, 263년 촉나라를 멸하고, 요동의 공손씨(公孫氏)를 정벌하여 지위를 확고히 했다. 사마의의 손자 사마염은 조비와 마찬가지로 강압적 선양으로 위나라 황제를 폐한 후 265년 진(晉)나라를 세워 무제에 올랐다. 그는 280년 오나라를 정벌하여 삼국을 통일하는 위업을 달성했다.

진 무제는 삼국을 통일하긴 했으나 지방의 호족 세력까지 완전히 장악하지는 못했다. 또한 삼국을 통일하자 자신감과 방종에 빠져 집권자로서의 긴장감을 내려놓다시피 했다. 진 무제는 주군(州郡)에 소속된 상비군을 해산하여 종실의 왕들에게 군권을 나눠 줌으로써 황신의 울타리로 삼으려 했다. 그러나 결과는 반대로 나타났다. 사마씨의 여러 왕들은 종실의 황제를 보위한 것이 아니라 황제 주변에서 중앙의 권력 투쟁에 끼어들면서 전대미문의 골육상쟁이 벌어졌다. 이것이 곧 팔왕의 난이다.

팔왕의 난은 진나라 무제가 태자로 선택한 사마충(衷)이 혜제에 올랐으나, 우둔한 혜제가 영악한 가씨(賈氏) 황후에게 휘둘리면서부터 시작된 역사상 최악의 막장 드라마다. 291년부터 306년까지 16년에 걸쳐 일어난 배신과 살육의 스토리는 이렇다.

가 황후(진 무제의 며느리, 이하 괄호는 무제와의 혈연관계를 표시함)는 사마량(숙부)을 끌어들여 외척 양씨 일가(진 무제의 처가, 곧 가 황후의 시모 일가)를 도륙했다. 가 황후는 사마위(5남)와 힘을 합쳐 자신이 끌어들인 사마량을 죽였다. 이어서 사마위를 없애고, 자신이 낳은 태자 사마휼(손자)까지 폐위하고 죽였다. 가 황후의 포악에 맞서 사마륜(숙부)과 사마경(조카)이 힘을 합쳐 쿠데타를 일으켜 가 황후를 죽여 없앴다. 하지만 쿠데타에 내분이 뒤따랐다. 사마경이 사마애(16남), 사마영(6남), 사마옹(6촌)과 제휴하여 쿠데타의 맹주 사마륜을 죽였다. 사마애, 사마영, 사마옹이 또다시 힘을 합쳐 사마경을 죽였다. 사마영은 사마애를 죽였다. 이번에는 사마월(6촌)이 나서서 사마영을 죽였다. 진의 혜제 사마충(아들)도 독살됐다. 곧이어 사마월이 사마옹을 죽였다. 사마월은 사마치(둘째 아들)를 새로운 황제로 옹립했으니, 그가 바로 회제(懷帝)다.

주동자끼리의 사실 관계만 단순히 나열해도 현기증이 나는 골육상쟁이었다. 황실이 이렇게 친인척끼리 골육상쟁을 벌였으니 나라와 백성은 어찌 되었겠는가.

역사를 보면 제도는 제도일 뿐, 제도가 그 무엇을 보장하는 것은 아니다. 조조의 구품관인법은 후한의 무능과 부패에 절망하던 지식인들을 세상으로 끌어낸 참신한 인재 등용 정책이었다. 그러나 구품관인법이 사마의의 손에 들어가자 귀족사회의 병폐를 키우는 독약이 되었다. 서진 귀족에게는 사회 지도층으로서의 노블레스 오블리주 같은 솔선수범은 없었다. 귀족 체제로 자신들만의 울타리를 치고, 그 속에서 사치와 기행, 마약과 술, 황음과 퇴폐의 나락에 빠졌다. 서진의 황실인 사마씨 일족은 조씨 가문과 반대로 황제 일족에게 군사력을 나눠 주면 황제와 황실을 보위할 것으로 판단했다. 그러나 그들은 후계 구도를 문제 삼아 칼을 들고 쿠데타를 일으킨 것이다.

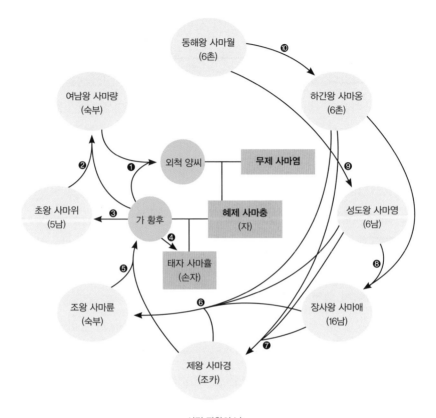

동해왕 사마월
(6촌)

하간왕 사마옹
(6촌)

여남왕 사마량
(숙부)

외척 양씨 — 무제 사마염

초왕 사마위
(5남)

가 황후

혜제 사마충
(자)

성도왕 사마영
(6남)

태자 사마휼
(손자)

조왕 사마륜
(숙부)

장사왕 사마애
(16남)

제왕 사마경
(조카)

서진 팔왕의 난

큰 나라가 망했다면 그것은 자멸한 것이다. 국력이 쇠망한 뒤 외부 세력이 쳐들어와 빈사 상태의 몸뚱이를 밟아 버리는 것뿐이다. 조씨의 위나라가 긴장감을 상실하고 쇠락하자 사마의가 위나라를 멸했고, 사마씨의 진나라 역시 골육끼리 싸우면서 이민족 용병까지 끌어들인 결과 그 용병들에게 참담히 살육당한 것이다.

서진이 팔왕의 난으로 자멸하자 흉노 유연이 세운 한나라가 서진을 공략하기 시작했다. 역사에서는 이를 '영가의 상난(永嘉喪亂)'이라고 한다. 영가는 혜제 독살 이후 새로 옹립된 회제 사마치의 연호(307~312)이다. 다시 영가의 상난까지 가 보자.

유연은 산시성 일대를 장악하고 308년 평양(平陽, 현 산시성 린펀臨汾)에서 제위에 올랐다. 그는 탄탄하게 나라를 키웠으나 큰 뜻을 더 이상 펼치지 못한 채 병사했다. 뒤이어 작은 아들 유총(劉聰)이 제위에 올랐다. 유총은 자신의 아들 유찬, 동족인 유요, 왕미, 석륵 등을 장군으로 삼아 중원의 여러 지방을 공략했다. 이때 서진은 사마월과 진나라 회제가 서로 반목하고 있던 시기였다. 유연의 군대가 공격하자 사마월이 군사를 이끌고 고관대작들을 대동하여 낙양을 탈출했으나 석륵의 군대에 포위를 당했다. 여기에서 진나라의 왕공 이하 10만 명 이상이 도륙을 당했다. 10만 명이 한 지역에서 죽었으니 이렇게

영가의 상난

끔찍한 야외 도살장이 어디 있었겠는가.

311년 6월에는 유요, 왕미 등의 군대가 낙양성을 함락했다. 궁성과 민가는 폐허가 되었다. 3만여 명이 도살됐다. 모든 것을 약탈했고 황제의 능침도 파헤쳤다. 유총의 군대는 서진 회제까지 포로로 삼아 평양으로 끌고 갔다. 유총은 회제를 위해 연회를 열고 그를 계군공에 봉했다. 이것은 제위를 물려주는 선양과 함께 중원에서 왕조를 교체하는 일종의 정치적 제스처를 흉내 낸 것이었다. 유비의 아들 유선도 같은 케이스였다. 그러나 훗날 유총은 돌변했다. 313년 어느 날 유연은 회제를 대전(臺殿) 연회장으로 불러내 노예 옷을 입힌 다음 대신들의 술시중을 들게 하고, 독주를 먹여 그 자리에서 죽여 버렸다. 이 장면을 지켜본 진나라 출신 고관들은 망연자실했다. 그러나 이것은 끝이 아니었다.

낙양은 서진 군대에게 재탈환되고, 사마업(鄴)이 서진의 제위를 승계했다. 그가 서진의 마지막 황제인 민제이다. 유총은 316년 유요를 보내 다시 낙양을 공격했다. 장안성이 포위되자 식량이 소진되고 굶주림에 지친 병사들이 도망가기 시작했다. 민제는 모든 것을 포기한 채 투항하고 말았다. 그 역시 포로가 되어 평양으로 끌려갔다. 유총은 포로 신세의 민제를 지독하게 학대했다. 사냥을 나갈 때는 민제에게 군복을 입혀 앞장서게 했다. 민제에게 일말의 희망을 품고 있던 서진의 백성과 관리들은 숨어서 대성통곡했다. 민제 역시 318년 유총의 술자리에 끌려가 술시중을 들다 살해됐다. 이로써 낙양에 자리 잡은 서진은 완전히 멸망했고, 그 후에 사마예가 도망가서 지금의 난징에서 황위에 오르니 이것이 볼품없는 진나라, 곧 동진이다.

두 황제를 학대하다 살해한 곳이 당시의 평양, 지금의 산시성 린펀이다. 좌국성을 돌아본 이튿날인 답사 21일 차에 린펀으로 갔다. 평양은 요 임금이 수도로 삼았던, 한족의 원류인 화하족(華夏族)과 중원 문명의 발상지이다. 그것을 보여 주는 요묘(堯廟)를 찾아갔다. 요, 순(舜), 우(禹) 3황 선조에게 제사를 지내는 곳으로, 린펀시 중심에서

산시성 린펀에 있는 요묘. 요, 순, 우 임금의 제사를 지내는 곳으로 서진 시대에 창건되었다.

약간 남쪽에 있다. 요묘는 서진 시대에 처음 지어졌고, 당 고종 3년(658)에 재조성한 후 몇 차례 중수를 거쳐 오늘에 이르고 있다.

요묘를 보면 요 임금보다는 영가의 상난의 참혹한 장면들이 떠오른다. 영가의 상난이 하필이면 화하(華夏) 문명의 발상지이자 요묘까지 들어선 평양에서 벌어진 사건이라니! 고대 중국(中國)이란 말은 '구주(九州)의 중심'이란 뜻으로, 바로 이곳 평양이 중국이었다. 고대 중국은 중국에서 참살당한 후 호한융합이라는 새로운 역사에 무대를 내준 셈이다.

5호16국 시대는 중원의 편파적 시각으로 보면 이민족이 중원에 들어와 혼란을 야기한 오욕의 역사이다. 그러나 동아시아 역사를 조망하면 달리 보인다. 원인이야 그 무엇이든 북방의 유목 민족은 중원으로 진입했고, 이로써 농경민과 유목민은 중원을 무대로 더불어 살아가야 하는 시대에 맞닥뜨린 것이다. 호와 한이 공존·융합해야 하는 시대적 요구에 대해 중원의 선진 문명[漢]이 대안을 제시하지 못함으로써 북방 유목민[胡]에게 주도권을 넘기게 된 것이다. 호족이 주도한 5호16국 시대는 북방과 중원의 융합이란 시대적 과제를 위해 몸부림치던 시대이다. 이렇게 펼쳐진 격랑의 바다에 뛰어든 다섯 호족 가운데 가장 나중에 진입한 탁발선비가 있었다. 흉노는 '한' 나라를 세워 16국 시대를 열었고, 탁발선비는 대국을 세워 명실공히 중원의 국가로 발돋움했다. 이제 탁발선비 대국(代國)의 현장으로 갈 순서다.🐾

북방기행 8

대국의 실패

계승, 적임자인가 적장자인가

비행기에서 내려다본 황토 고원의 황하

답사 15일 차,

후허하오터 서남부에 있는 운중성 유지를 찾아보기로 했다.

후허하오터에서 서남으로 지방도를 따라 40km 이동하면 나오는

뭐처뭐현의 구청진이란 마을에 있다.

탁발의로는 셋으로 분열됐던 탁발부를 통일한 뒤 북방 지역의 막북(漠北) 초원에서 막남(漠南)의 중원으로 시선을 돌렸다. 탁발선비에게 기회는 빨리 도래했다. 서진의 구원 요청이 기회였다. 310년 철불흉노(鐵弗匈奴)와 백부선비(白部鮮卑)가 서진의 병주(幷州, 현 산시성과 허베이성 일대)를 공격하자 병주 자사 유곤이 의로에게 지원을 요청한 것이다. 의로는 2만 병력을 이끌고 이들을 격퇴했다. 유곤은 그 대가로 의로를 대군(代郡)을 봉지로 하여 대공(代公)에 책봉토록 상주했다. 당시 국제 관계의 중심인 서진으로부터 대공에 책봉되었으니 막남 새내(塞內)에 근거지를 확보하는 상당한 군사 외교적 성과를 거둔 것이다.

의로는 성락을 북도로 하고, 평성을 남도로 하여 국가 체제를 정비했다. 그리고 315년에 이르러 스스로 대왕(代王)임을 선포했다. 요즘 말로 국격이 달라진 것이다. 삼림이나 초원에서는 기껏해야 주변의 소소한 부족들을 정벌하여 느슨한 연맹체를 구축하는 수준이었지만, 이제는 북중국과 중원에서 치열한 생존 경쟁을 겨루는 세력의 하나로 성장한 것이다. 사람의 일생으로 말하자면 탁발선비에게 알선동은 출생기, 후룬베이얼 초원은 요람기, 2차 남천은 청년기에 해

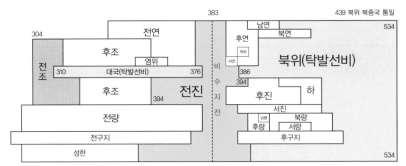

5호16국 시대의 전개

당하는 단계였다. 이제 탁발선비는 대군에서 본격적으로 사업 전선에 뛰어든 것이다. 대군은 지금도 대현(代縣)이란 행정 구역으로 지명이 남아 있다. 다퉁과 타이위안 중간 지역이자 불교 성지인 우타이산(五台山) 북서쪽 지역이다.

탁발선비는 크게 성장했으나 심각한 성장통도 뒤따랐다. 유목 사회가 한 단계 발전하는 과정에서 권력 승계 문제는 심각했다. 유목 문화에서의 수장 자리는 '적임자 우선'의 전통이 오래 이어져 왔다. 능력자가 수장이 되는 것이다. 그러니 항상 계승 분쟁이 잠재되어 있다. 형보다 동생이, 아버지보다 아들이 먼저 수장이 되는 경우까지 있었다. 의로의 시대에 고질적인 계승 분쟁이 다시 불거졌던 것이다.

의로의 아들 육수가 반란을 일으켜 아버지 의로를 죽음에 이르게 했다. 그러자 의로의 조카인 보근이 군사를 이끌고 육수를 공격하여 대왕에 올랐으나 한 달 만에 사망했다. 보근이 죽자 보근의 갓난

아이가 대왕을 계승했지만 그해 겨울에 죽었다. 다음엔 의로의 다른 형제인 탁발불의 아들 욱률이 대왕에 올랐다. 당시 계승 분쟁에 참여했던 자들의 면면을 보면 모두 탁발사막한의 손자들이었으니 그들은 소위 로열 패밀리였다. 특정 가문 구성원 사이에 유목적인 혹은 농경적인 계승 방법이 뒤엉켜 혼돈에 빠져 있었던 것이다. 욱률도 피살되고 하욕이 올랐으나 하욕마저 죽자 동생인 흘나가 이었다. 다시 욱률의 장자인 탁발예괴(翳槐)가 대왕에 올랐다.

선비족 이후에도 거란, 몽골, 만주 등 유목과 수렵으로 살아온 북방 민족들에게 계승 갈등은 수없이 반복됐다. 이에 반해 중원의 농경사회에는 일찌감치 적장자 상속이라는 명확한 원칙이 구축되어 있었다. 북방은 척박한 환경 속에서 능력이 있는 자를 추대해야만 생존할 수 있었다. 그러나 물산이 풍부한 중원에서는 개인의 능력보다는 전통을 더 중시했던 것이다. 박한제 선생은 유목 지역의 적임자 계승 방법을 능력과 업적에 따르는 '개인적 왕권(Personal Kingship)'으로, 농경 지역의 적장자 상속을 혈통에 의한 '의례적 왕권(Ritual Kingship)'으로 구분한다.

탁발선비가 계승 갈등으로 휘청거리는 동안 흉노 유총의 한나라는 동족인 유요가 권력을 쟁탈한 후 318년 국호를 조(趙)로 바꿨다. 조나라의 실력자였던 갈족(羯族) 출신인 석륵(石勒)이 319년 독립하여 329년에 조나라를 무너뜨렸다. 역사가들은 유연, 유총, 유요의 왕조를 통칭하여 전조(前趙)라 하고, 석륵의 조나라를 후조(後趙)라고 부른다.

후조가 화북에서 득세하는 동안 탁발선비의 예괴가 대왕이 됐다. 예괴는 후조 세력에 밀려 친동생인 십익건(什翼犍)을 후조에 볼모로 보내야 했다. 338년 10월, 예괴가 병석에 눕자 인질로 가 있던 동생 십익건을 대왕으로 세우도록 영을 내렸다. 그러나 십익건이 돌아오기 전에 예괴가 병사하여 또다시 계승 갈등이 폭발할 상황이었다. 예괴에게는 십익건 이외에 탁발굴과 탁발고 두 동생이 더 있었다. 탁발선비 부락의 수령들은 탁발굴의 성격이 흉포하여 갈등을 일으킬 것을 우려해 그를 죽이고 탁발고를 대왕에 오르도록 했다.

그러나 탁발고는 형 십익건이 왕위를 계승해야 하며, 형 대신 자신이 인질이 되겠다고 자진해서 후조로 갔다. 이제까지 탁발선비 계승 분쟁 과정에서 보지 못했던 미담이 전개된 것이다. 후조의 석호는 이에 감동하여 두 형제를 모두 돌려보냈다. 338년 11월 십익건은 번치(繁峙, 현 산시성 훈위안현渾源縣)에서 대왕에 올랐다. 그리고 자신을 구하려고 희생을 무릅쓴 동생 탁발고에게 영토의 반을 떼어 통치하게 했다. 이로써 20년 동안 엎치락뒤치락했던 계승 문제가 일단락됐다.

십익건은 대왕에 올라 일련의 개혁 조치에 착수했다. 한족 지식인들을 등용하고 법률 제도를 정비했다. 성락에 신성을 축조하여 도성으로 삼았으며, 농업을 발전시켜 유목 사회에서 농경 사회로의 이행을 가속화했다. 지속적으로 영토를 확대하여 막남 초원의 실력자로 등장했다. 십익건이 다스린 말기에 이르러 약간의 기복이 있기는 했지만, 전반적으로 볼 때 탁발선비는 상승세를 지속하고 있었다. 이는 유목적인 무공과 농경적인 문치를 겸하려는 노력의 결과였다.

　북중국의 정세는 또 바뀌었다. 탁발선비의 대국이 몽골 초원에 동
서로 걸쳐 있었고, 대국 남쪽에서는 동으로 모용선비의 전연(前燕)이,
서에는 저족 출신 부견의 전진(前秦)이 대립하고 있었다. 십익건은 전
연과 우호 관계였다. 전연의 모용황은 340년 자신의 누이를 십익건
에게 시집보냈고, 누이가 죽자 다시 자신의 둘째 딸을 보내 대국의
왕비가 되게 했다.

　그러나 서쪽에서 승승장구하던 전진이 동쪽의 전연을 멸망시켰다.
북쪽에 있던 대국이 자연스레 그다음 표적이 되었다. 전진과 대국
사이에 사신들이 오가며 탐색전이 전개됐다. 십익건이 보낸 해결사
연봉(燕鳳)은 노련했다. 실상은 약세였지만 비굴하게 굴지도 않았고,
그렇다고 분수에 넘게 처신하지도 않았다. 연봉의 외교 덕분에 전진
은 대국을 우선 공략 대상에서 제외하고 서쪽을 먼저 공략했다. 전
진은 서쪽으로 밀고 나가 전량(前涼)을 무너뜨리고 동진(東晉)으로부터
한중, 익주, 남중 등을 빼앗았다.

　서쪽을 정벌한 전진의 부견은 다시 북으로 눈을 돌려 대국을 노렸
다. 376년, 당시 북방 최강 전진의 공격이 시작됐다. 십익건은 군대
를 이끌고 대적했으나 한 달 만에 패해 막북으로 밀려났다. 설상가

상으로 그곳에서는 고차(高車)가 탁발선비를 공격해 왔다. 남북으로 협공을 당한 십익건은 절체절명의 위기에 봉착했다. 그러나 전진은 대국 정벌이 완성된 것으로 착각하고 남으로 철수했다. 틈새가 생긴 십익건은 다시 운중(雲中)으로 돌아올 수 있었다. 운이 좋았던 것이다.

이때 58세의 십익건은 후계 문제를 고민하지 않을 수 없었다. 두 아들은 이미 죽었고, 손자인 탁발규는 겨우 6세에 지나지 않았다. 모용황이 보낸 왕비가 낳은 여섯 아들과 또 다른 서장자(庶長子)인 탁발 식군(寔君)은 이미 성인이 되어 있었다.

계승 문제가 또다시 탁발선비의 발목을 잡았다. 애당초 십익건을 후조로부터 구출해 낸 탁발고에게는 탁발근이란 아들이 있었다. 탁발근은 아버지가 사망한 뒤 나라의 절반을 통치했던 부친의 특권을 이어받지 못해 큰 불만이 있었다. 그러던 중 십익건이 병에 걸려 눕자 서장자인 탁발식군을 부추겼다.

"매일 밤 모용비의 아들들이 왕의 막부를 지키고 있음을 보니, 차기 대왕은 분명히 모용비의 아들 가운데 나올 것이다. 그들은 기회가 오면 너를 죽일 것이다."

모용비의 아들들이 장막을 지킨 것은 200리 떨어진 곳에 주둔하고 있던 전진 군대가 언제든지 습격해 올 수 있었기 때문이었다. 그러나 어리석은 식군은 탁발근의 부추김에 넘어가 아버지의 막부를 습격했다. 모용비 소생의 아들들, 곧 이복형제들을 모두 죽이고 아버지 십익건마저 살해하였다. 이 소식을 전해 들은 전진의 군대는 수장이 없는 대국을 습격해 궤멸시켰다. 과욕에 어리석은 양념까지 뿌려지면 대사를 크게 그르치는 법이다. 차근차근 발전 과정을 걷던 대국은 한순간 허망하게 주저앉았다.

부견은 대국을 멸망시킨 후 탁발규를 포함해 대왕을 계승할 만한 인물들을 모두 전진의 수도로 끌고 갔다. 그리고 대국을 둘로 분할하여 독고부(獨孤部)의 유고인(劉庫仁)과 철불부(鐵弗部)의 유위진(劉衛辰)에게 통치토록 했다. 철불부는 흉노와 선비의 혼성 부락이었다. 철불부의 유고인은 남흉노 20대 선우인 어부라(於扶羅)의 후예로, 359년 수장에 오른 다음 부견에 의해 서선우 우현왕에 책봉되었다. 유고인은 훗날 십익건에게 귀부하여 부견을 배신했다. 그러나 대국과 전진 사이에 전쟁이 발발하자 다시 전진으로 넘어가 대국 공격의 통로를 열어 주었다.

선비족 독고부의 유고인과 철불부 유위진은 긴장 관계였다. 부견은 이를 이용하여 대국을 분할해 상호견제 구도를 짠 것이다. 부견은 대국의 각 부락을 해체하여 탁발선비의 영향력을 제거한 후 국력을 결집하여 남경의 동진 정벌을 도모했다. 그러나 탁발선비 세력권을 분할, 위임받은 유고인과 유위진 모두 탁발선비와는 혼맥(婚脈)으로 깊이 얽혀 있었다. 막남, 막북의 초원에 촘촘히 뿌리내린 탁발선비의 영향력을 제거하는 것은 그리 간단한 일은 아니었던 것이다.

탁발선비 역사에서 수천 킬로미터에 달하는 민족 이동은 물론, 수백 년을 넘는 족적에서 시련은 있었으나 완전한 패망은 없었다. 대국의 정권은 일시적 파산을 겪었지만 시대는 새로운 영웅을 기다렸다. 그는 바로 6세에 적국에 잡혀간 탁발규, 북위 왕조의 태조 도무제인 것이다.

답사 15일 차, 후허하오터 서남부에 있는 운중성(雲中城) 유지를 찾아보기로 했다. 탁발역미가 성락으로 옮겨왔을 때 운중은 성락의 거점지였다. 십익건이 전진의 군대에 맞서 주둔한 곳도 운중의 평원이었다. 십익건의 손자 탁발규가 북위를 세운 후 북위 황제들이 남북 순행길에 올라 북으로 순행할 때 이곳에서 유숙했다고도 한다.

운중성은 후허하오터에서 서남으로 지방도를 따라 40km 달려야 하는 퉈커퉈현(托克托县) 구청진(古城镇)이라는 마을에 있다. 마을 중심에서 서쪽으로 1km 정도 빠져나가 드넓은 옥수수 밭을 가로지르는 길가에서 운중성 유지(云中城 遗址) 표지석을 찾았다. 표지석의 앞뒤를 살펴본 후 옥수수 밭에서 성벽 흔적을 찾아갔다.

지금 남아 있는 성벽은 당나라 시대에 축조된 토성이다. 높이 5m 정도의 남쪽 성벽이 1.9km 정도 남아 있다. 성벽에 올라서면 북쪽으로 인산(阴山)이 동서로 병풍처럼 길게 둘러서 있고, 시선을 아래로 내리면 끝없는 옥수수 바다가 장관을 연출한다. 이곳 옥수수는 유달리 키가 커서, 옥수수 밭으로 들어가면 하늘이 가려질 정도다. 성벽 쪽

운중고성 표지석(위), 운중고성 유지(아래)

후허하오터 서남부에 있는 운중성 유지. 전국 시대부터 북방 유목 민족의 침입을 막아내던 요충지였다.

으로 들어가자 중년 농부 한 사람이 선한 웃음을 지으며 어디서 왔는지를 묻는다. 수십 년 동안 땅에 발을 딛고 옥수수와 밀을 바라보고 살아온 농부의 얼굴이었다.

운중은 황하가 인산 산맥에 가로막혀 동남으로 굴절되어 흐르는 줄기의 강 북쪽에 펼쳐진 해발 1천m의 투모터촨(土默特川) 평원이다. 인산에서 발원하여 남으로 흘러 황하에 합류하는 다헤이하(大黑河)가 젖줄이 되어 수량이 풍부하고, 토지가 비옥하여 농사의 최적지이다. 지리적으로 전형적인 농목 교차지다.

운중은 전국 시대 조나라 무령왕(기원전 340~295)이 실시한 호복기사(胡服騎射) 개혁 정책 때문에 사서에 중요한 지명으로 등장한다. 당시 조나라는 북으로 흉노, 임호(林胡)와 접하고 있어 이들이 수시로 침입하여 나라의 존망까지 위협했다. 당시 중원 군대는 보병과 전차 중심이었고, 북방 유목민들은 기동력이 우세한 기병 중심이었기 때문에 적수가 되지 못했다. 북방 방어에 고심하던 무령왕은 북방 기병에 대항하고자 자국의 기병을 육성하기로 했다.

이를 위해 기원전 307년 호복기사 정책을 추진했다. 소매가 너풀거리는 중원의 옷을 좁은 호복 양식으로 바꾸고, 전차 대신 말 등에서 활을 쏘는 기병 중심으로 개혁한 것이다. 보수적인 귀족은 물론, 태자까지 반발했으나 무령왕은 개혁을 밀어붙였다. 그 결과 중원 국가로는 보기 드물게 유목민의 침입을 성공적으로 방어하고 영토까지 확대했다. 이 시기의 주 무대가 바로 운중이었다. 무령왕은 이곳에 백성들을 이주시켜 농사를 짓게 하고 대규모로 말을 사육하여 기병을 양성했다. 훗날 진 시황이 통일하면서 전국 36군의 하나로 운중군이 이곳에 설치되었다.

조나라 무령왕은 이곳을 거점으로 정해 유목민의 남진을 저지했지만, 그 이후엔 수시로 유목민 침략의 통로가 되었다. 중원은 이 지역을 유목민 군대의 최종 저지선으로 삼아 중원 전체의 안정을 확보하는 전략적 요충지로 삼았다. 북방 유목민의 입장에서 보면 인산산맥을 넘어 첫발을 딛는 곳이 운중이었으니, 이 지역을 확보하는 것은 곧 남으로의 약탈 원정길을 트는 셈이었다.

답사 일행은 운중성 유지에서 나와 남류(南流)로 꺾이는 황하를 보기로 했다. 운중성에서 다시 남으로 35km 내려가니 황하가 보였다. 전망이 좋지 않아 방향을 돌렸다. 황하를 건너 동쪽으로 강가에 접근했다. 비포장도로는 바퀴가 돌 때마다 황토를 뿜어 올렸다. 물가까지 걸어 내려갔다. 싯누런 물이다. 황하는 티베트 고원의 발원지부터 란저우까지는 맑은 물로 흐르지만, 란저우부터는 황토물이 되어 엄청난 토사를 싣고 하류로 흘러간다.

농경사회에서 겨울은 농한기지만, 물자가 부족한 유목민에게는 약탈의 계절이다. 황하가 동결됐을 때 남하했다가 해빙 전에 북으로 다시 돌아가야 한다. 당하는 측에서는 끔찍한 약탈이지만, 소수의 기동력으로 단기간에 결판내야 하는 유목민들에게도 상당히 위험한 사업이었다.

이 지역의 황하 구간은 상류와 하류보다 북쪽 지방을 흐르기 때문에 겨울이 되면 그보다 일찍 동결한다. 이때 유목민들은 말을 타고 거침없이 언 강을 건넜다. 얼어버린 황하에 가까이 가면 쩌억쩌억 무시무시한 소리가 울린다. 얼음덩어리에 금이 가면서 나는 소리다. 몇 년 전 12월 말에 인촨(銀川) 인근의 황하에서도 이 소리를 들었다. 그것은 귀신의 비명 소리 같았다. 황하의 날카로운 손길에 베인 땅덩어리가 고통스럽게 내뱉는 신음 같기도 했다. 농사짓는 이들에게는 공포의 경고음이었다.

봄이 다가오면 란저우 쪽 상류가 먼저 해빙되면서 얼음이 깨지기 시작한다. 깨진 얼음덩어리는 강물을 따라 흘러 아직 녹지 않은 중류의 얼음덩이를 강타하며 또다시 무시무시한 굉음을 낸다. 이것은 강을 건너온 유목민들에게 마지막 탑승을 알려 주는 경고음이었다. 왜냐하면 이때 서둘러서 북상하여 돌아가지 않으면 집요한 농경 군대에게 포위될 수 있기 때문이다. 얼음덩이를 실은 상류의 강물이 녹지 않은 구간에 밀려오면 겨울 홍수까지 발생한다. 황하의 겨울은 남과 북이 공포를 주고받는 살벌한 전선이었다.

동절기가 아니라도 싯누런 물은 그 자체만으로도 공포다. 이 공포가 치수사업을 떠받치는 힘으로 결집될 수밖에 없었고, 치수를 중심으로 권력이 만들어졌다. 권력은 수많은 기복을 거치면서 문명의 발전을 추동하기도 했다. 그렇게 보면 창강의 맑은 물은 시를 쓰게 했고, 황하의 탁한 물은 권력의 역사를 쓰게 한 것이 아닐까.

운중성 유지 인근의 황하. 겨울철 황하가 얼면 유목민들의 중원에 대한 약탈이 시작됐다.

탁발선비

북위의 건국

평성에서
새로운 시대를 열다

성락박물관 광장의 도무제 동상

다퉁으로 가는 고속도로

답사 16일 차, 오전에는 후허하오터에서 휴식을 취했다.

여행이 짧으면 그 자체로 휴식이지만,

장기 여행인 경우엔 중간중간 적절하게 쉬어 주는 것도 중요하다.

오후에는 드디어 다퉁으로 이동했다.

이제 답사 여정도, 역사 흐름도 북위 시대의 한복판으로 들어가는 셈이다.

10년 만에 기사회생한 탁발선비가 386년 북위를 세우고 398년 성락에서 평성(平城, 현 산시성 다퉁)으로 천도하여 소위 북위의 평성시대를 열었다. 이날 우리가 이동한 구간은 바로 평성으로 천도하는 길과 같다. 이 대목은 중국 역사 전체에서도 중요한 의미가 겹쳐 보이는 대목이다. 중국 역사 전개를 지리적으로 조망할 때, 장성(長城) 내외로 구분하기도 하지만, 현재의 관점에서 보면 '후환융(胡煥庸) 라인'도 중요한 의미가 있다. 탁발선비의 '평성시대'란, 그들이 후환융 라인을 넘어 전통적인 한족의 중원 국가로 진입한다는 의미다.

1930년대에 활동한 중국 역사지리학자 후환융은 강우량, 지형, 민족, 인구밀도 등을 종합하여 현재의 중국을 두 지역으로 나누었다. 헤이룽장성 헤이허(黑河)와 윈난성 텅충(騰衝)을 잇는 선을 기준으로 서북 지역과 동남 지역으로 구분한 것이다. 서북은 사막과 초원이 대부분으로 인구밀도가 낮고 소수민족이 다수 분포하고 있으며, 동남은 농경지대로 인구밀도가 높은 전통 한족 지역이다. 다퉁은 바로 후환융 라인에 걸치는 경계 지역이다. 탁발선비가 알선동에서 시작하여 두 차례 남천한 것은 후환융 라인의 서북 지역 안에서 이동한

후환용 라인

것이고, 성락에서 평성으로 천도한 것은 후환융 라인을 넘어 중원으로 들어갔다는 것이다.

다퉁에 가까워지면서 하늘은 검어졌고, 서쪽 끝자락만 노을이 붉게 물들었다. 창밖의 초원과 황토 벌판은 이미 구분할 수 없는 어둠 속에 가라앉고 있었다.

날이 저물어서 눈에 보이는 것도 없고, 표지석 하나 세운 것도 없을 테지만, 저 아득한 황토 벌판 어딘가에 삼합피(參合陂)란 곳이 있을 것이다. 북위를 세운 탁발규가 후연과 벌인, 당시 가장 처참한 전투가 벌어졌던 곳이다. 훗날 학자들은 수천 년의 역사를 압축해서 짧은 어구로 요약하지만 당시에는 치열한 삶과 죽음의 공간이었을 뿐이다.

이제 답사 여행은 탁발선비가 다퉁에 들어서면서 북위를 건국하고 삼합피의 전투 같은 치열한 전쟁 끝에 북중국의 강자로 부상하는 대목에 이르렀다. 5호16국 시대는 넓은 안목으로 보면 새로운 시대로 넘어가는 몸부림이었지만, 왕공(王公)에게는 치열한 생존 경쟁이었고 군졸과 백성에게는 참혹한 전란이었다. 그때에는 석양만 핏빛이 아니라 격렬한 충돌이 일어난 곳곳에서 피가 강물처럼 흘렀을 것이다. 삼합피(參合陂)가 그런 곳 중 하나였다. 밤 8시가 되어서야 다퉁의 숙소에 도착했다.

탁발선비의 대국은 376년 부견의 전진에 정벌당했는데 어떻게 되살아나 평성시대를 열었을까. 대국이 부견의 전진에 의해 패망했지만, 전진이 비수의 전투에서 동진에 불의의 일격을 당하면서 주저앉는 바람에 탁발선비는 회생의 기회를 얻은 것이다. 북위는 다시 살아났고, 그 주역이 탁발규이다.

탁발규는 십익건의 장자 식(寔)의 유복자로, 태어날 때 몸집이 장대

하고 이마가 넓으며 큰 귀에 눈빛이 형형하여 조부 십익건의 총애를 받았다고 한다. 그러나 대국이 망하면서 6세의 탁발규와 그의 생모 하 씨는 전진의 포로가 되어 장안으로 끌려갔다가 다시 독고부의 유고인에게 보내졌다. 탁발규가 15세 되던 384년에 유고인이 모용선비 출신의 부장에게 살해되자 생모 하 씨는 아들 탁발규를 데리고 친정인 하란부(賀蘭部)로 탈출했다. 탁발규가 하란부에 의탁했다는 것이 알려지자 흩어졌던 대인들이 다시 모이기 시작했다. 국제 정세 역시 그들에게 회생의 틈을 열어 주었다. 비수의 전투 결과 북중국에서 최강자인 전진이 몰락하고 군웅이 할거할 수 있는 여지가 다시 트인 것이다.

새로운 영웅이 탄생했다. 탁발규는 386년 정월 우천(牛川)에서 의례를 갖춰 왕에 즉위하면서 대국 재건을 선언했다. 이때 탁발규의 나이는 열여섯. 얼마 지나지 않아 성락으로 천도하고 4월에는 국호를 위(魏)로 개칭했다. 역사에서는 전국시대 위(魏)와 조조의 위(曹魏)와 구분하고자 '북위' 혹은 '후위'라고 한다.

386년 탁발규가 북위를 건국할 당시 북에는 하란부, 남에는 독고부, 서쪽 오르도스 지역에는 철불부, 동에는 고막해부(庫莫亥部)가 고개를 쳐들고 있었다. 그리고 몽골 초원 북부에는 유연(柔燕)과 고차(高車)가 남하할 태세였다. 남으로는 타이항산(太行山) 동부에 모용선비의 후연(後燕)이, 서쪽에 서연(西燕)이 버티고 있었다. 북위로서는 구절판 가운데 칸에 들어앉은 꼴이었다. 탁발규는 생존 자체를 위해서라도 먹고 먹히는 정복전쟁을 헤쳐 가야 할 처지였다.

386년, 탁발규는 모용선비 후연의 도움을 받아 숙부 굴돌과 독고부의 유현이 동맹하여 일으킨 분란을 진압했다. 이듬해인 387년에는 독고부와 철불부 일부를, 389년에는 자신이 망명했던 하란부까지 정복했다. 391년에는 다시 서쪽으로 출병하여 철불부를 완전히 복속시켰다. 탁발규는 몇 년 안 되는 단기간에 주변 부락을 정복하면서 힘을 키워 갔다.

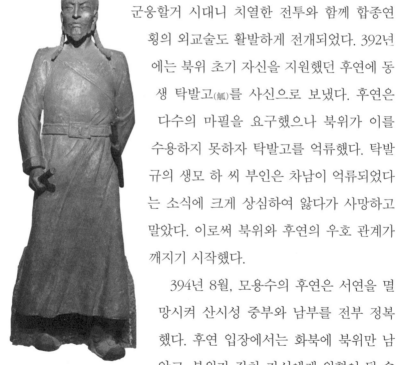

군웅할거 시대니 치열한 전투와 함께 합종연횡의 외교술도 활발하게 전개되었다. 392년에는 북위 초기 자신을 지원했던 후연에 동생 탁발고(觚)를 사신으로 보냈다. 후연은 다수의 마필을 요구했으나 북위가 이를 수용하지 못하자 탁발고를 억류했다. 탁발규의 생모 하 씨 부인은 차남이 억류되었다는 소식에 크게 상심하여 앓다가 사망하고 말았다. 이로써 북위와 후연의 우호 관계가 깨지기 시작했다.

394년 8월, 모용수의 후연은 서연을 멸망시켜 산시성 중부와 남부를 전부 정복했다. 후연 입장에서는 화북에 북위만 남았고, 북위가 장차 자신에게 위협이 될 수

성락박물관에 전시된 도무제 전신상

성락도성 복원 모형

있다고 판단해 북위를 토벌하기로 했다. 그러자 후연의 대신들은 모용수에게 출병을 만류했다. 두 나라는 순망치한(脣亡齒寒)의 관계이고, 일전의 탁발고 억류 사건으로 도리에 역행한 전력이 있으며 어릴 때부터 난관을 헤치고 성장한 군장 탁발규를 과소평가하면 위험하다고 진언했다. 그러나 모용수는 서연을 멸망시킨 승리에 취해 대신들의 간언을 듣지 않았다.

모용수는 아들인 모용보(慕容寶)를 내세워 8만 대군을 북위로 진격시켰다. 탁발규는 후연에 전면전으로 대적할 수 없다고 판단하고 군사를 서쪽으로 후퇴시키면서 후면을 노렸다. 북위는 후연군의 후방에서 모용수가 전선으로 보낸 사자를 운 좋게 사로잡았다. 북위는 이를 협박하여 모용보에게 부친 모용수가 서거했으니 귀국하라는 거짓 전갈을 전하게 했다. 모용보로서는 왕위 계승 문제가 급했고, 군사와 군마들은 피로에 지친 터라 군심이 동요했다. 모용보는 황하가 아직 얼지 않아 북위군이 강을 건너 추격하지 못하리라 판단하고 철군을 결정했다.

그러나 북풍은 탁발규 편이었다. 철군을 시작한 지 며칠이 지나지 않아 급격히 기온이 하강하면서 황하의 강물이 얼었다. 탁발규는 2만의 정예 기병을 끌고 황하를 건너 후연 군대를 맹렬하게 추격하다가 삼합피에서 기습했다. 이미 피로가 쌓이고 귀향길에 군기도 무너져 있던 후연의 군대는 허둥지둥했고, 서로 먼저 황하를 건너려다 자기들끼리 밟혀 죽은 군사가 부지기수였다. 게다가 퇴로를 차단하고 있던 북위의 매복 작전에 걸려 4~5만 명이 포로로 잡히고 말았다. 모용보는 호위병 몇 명을 거느리고 겨우 도망쳤다. 탁발규는 포로 전원을 거대한 구덩이로 몰아넣어 몰살했다. 삼합피 전투는 5호16국 시대에 일어난 전투 중 가장 많은 사상자가 발생한 참혹한 전투였다. 전쟁은 처절한 승패로 끝을 맺는 비극의 상설 극장이다. 유목 민족 영웅들이 으레 그랬듯 탁발규는 전쟁에서는 잔인하기 이를 데 없었다.

삼합피의 일전으로 후연은 주력 부대를 잃었다. 396년 3월, 모용수는 친히 대군을 이끌고 복수전을 벌이려고 했으나 북위는 군대를 다시 뒤로 물렸다. 모용수의 군대가 삼합피에 도달했다. 후연의 군사들은 삼합피에 산처럼 쌓인 시체더미를 보고 대성통곡했고, 모용수도 이 처참한 광경을 보고 피를 토하면서 쓰러졌다. 후연의 군대는 평성을 공격했으나 북위가 전투를 피하는 바람에 승기를 잡지 못했다. 모용수가 전장에서 노환으로 병이 깊어지자 성과 없이 철수할 수밖에 없었다.

396년 7월, 북위의 탁발규는 성락에서 자신이 황제임을 만방에 선포했다. 그는 훗날 도무제(道武帝)라 추증되었다. 탁발규 도무제가 칭제한 지 1개월 후에 후연의 모용수가 병사하고 곧이어 후연에도 혼란이 일어났다. 도무제는 기회를 놓치지 않고 40만 대군을 몰아 후연을 공격하여 1년 만에 멸망시켰다. 북위는 북방 리그를 제패하여 북중국 최강자로 올라선 것이다.

도무제는 내부적으로도 상당한 개혁 조치를 취했다. 398년, 탁발규는 수도를 성락에서 평성으로 천도하여 북위의 평성시대를 열었다. 북위가 새로 점령한 지역에는 농경지대가 많았기 때문에 국력은 빠르게 신장되었고, 농업과 목축을 병행하는 정책을 이어 나갔다. 점령지의 한인들을 수도 평성으로 이주시켜 농토를 개간하게 했다. 가족의 호구에 따라 땅을 주고 농사와 양잠도 하게 했다. 이런 과정에서 계구수전제(計口受田制)와 균전제(均田制)가 탄생했다. 유목민에 대해서는 부락 단위의 편제를 해산[部落解散]하고, 주거지를 제한하여 임의로 이주하는 것을 금지했다. 유목의 사회 구조에서 유목과 농경사회를 포괄하는 새로운 사회 체제를 구축한 것이다.

탁발규의 일생은 유복자로 태어나 6세에 포로가 되고, 16세에 왕이 되어 수많은 전쟁터를 오가면서 한 나라를 세운 과정이었다. 창업에서 정복까지 이뤘으나, 대륙의 통일로 도약하는 과정에는 또 다른 영웅이 필요했다. 탁발규는 모든 것을 이룰 수 없었으며, 오히려 위업을 달성했음에도 말년에 불행하게 죽은 영웅이었다.

북위 황제들은 호방한 북방의 기운으로 북중국을 통일했고, 훗날 호한융합이라는 거대한 과업을 이뤘다. 그것은 따로 돌던 톱니바퀴를 맞물려 거대한 원동기를 돌아가게 한 것이었다. 그러나 맞물려 돌아가는 톱니바퀴 자신들에게는 쇳가루가 깎여 나가는 고통이 따르곤 했다. 잠시 북위의 궁중을 들여다보면 대업 성취에도 어김없이 암울한 구석이 있다는 것을 알 수 있다.

도무제는 후사 계승 문제에 착수했다. 계승 문제는 항상 북방 유목민의 도약을 방해하는 아킬레스건이었다. 도무제는 중원의 적장자 상속 책봉 체제를 일부 변형하여 적서(嫡庶)의 구별이 없는 장자우선 태자 책봉제를 도입했다. 이와 더불어 태자가 책봉되면 즉시태자의 생모를 자결케 하는 자귀모사제(子貴母死制)를 신설했다. 외척의적폐를 미리 차단하자는 것이었다.

도무제는 13세에 독고부 유고인의 조카를 부인으로 맞아 훗날 황제가 되는 탁발사(嗣)를 낳았다. 그러나 아들이 태자에 책봉되면서 자귀모사에 해당되어 자결할 수밖에 없었다. 탁발사는 11세에 태자에책봉되어 제왕(齊王)이 되었지만, 모친이 자신 때문에 자결했음을 알고 밤낮으로 통곡했다. 이로써 부자간에 갈등이 생겨 탁발사는 궁궐밖으로 도주했다. 태자가 떠나자 도무제의 심정은 많이 상했다.

게다가 도무제는 마약에 깊이 중독됐다. 그는 젊어서 오석산(五石散)을 복용하곤 했다가 과용에 빠졌다. 오석산은 도교에서 신선이 되는약으로 간주됐다. 병을 치료하여 장수하게 하고 정신을 맑게 하며용모를 아름답게 하는 것으로 알려져 당시 중원의 명문가 사이에서크게 유행했다. 그러나 오석산은 수은을 포함한 중금속 덩어리였기때문에 사실상 마약에 지나지 않았다. 말년의 도무제는 오석산 중독에 빠져 성정이 조급해지고 희로(喜怒)가 극단적으로 교차하는 등 이

다퉁의 도무제 상

상 증세에 빠졌다.

어느 날 탁발규는 탁발소의 생모 하 씨 부인의 눈초리를 불순히 여겨 포박해 버렸다. 대경실색한 하 씨는 아들 탁발소에게 자신의 위급을 전했다. 평소 아버지에게 불만이 있던 탁발소는 부친이 자신의 생모를 죽일 것만 같았고, 태자인 탁발사까지 궁궐 밖으로 도주한 만큼 기회를 틈타 아버지를 제거한 후 황위에 오를 생각을 했다. 이날 밤 탁발소는 부친의 침소에 잠입하여 도무제를 살해하기에 이르렀다. 이때가 409년 10월이다. 탁발규 나이 39세, 지금의 나이로 보면 창창한 젊은이였다.

궁중 대신들은 황제 탁발규가 피살되자 탁발소의 반란을 진압했다. 이 소식을 들은 태자 탁발사는 곧 평성으로 돌아와 탁발규 도무제의 뒤를 이어 황위에 올랐다. 탁발사는 423년 병사하고 아들 탁발도(燾)가 황제에 올랐으니 북위 3대 황제 태무제(太武帝)이다.

탁발선비

남순비가 있었던 여사대 표지를 발견하고 걸음이 빨라진 박한제 선생

답사 17일 차,

다퉁을 출발해 동남쪽 160km 거리에 있는 링추현의 문성채 남순비를 찾아보기로 했다.

남순비를 찾아가는 중간에 중국 고대 건축의 걸작이자 가장 북위다운 사찰 현공사를 보고,

그랜드캐니언을 연상시키는 탕하 계곡 길을 거쳐 문성채 남순비를 만날 수 있었다.

평성, 지금의 산시성 다퉁은 북위 건국의 주역 도무제가 398년 성락에서 이곳으로 천도한 이후 6대 효문제가 낙양으로 천도한 494년까지 100년 가까이 북위의 수도였다. 그 사이 2대 명원제, 3대 태무제, 4대 문성제를 거쳤다. 특히 태무제는 439년 북중국을 통일함으로써 탁발선비의 역사에 위대한 업적을 남겼다.

다퉁 시내에서 북위 시대의 성곽과 궁전, 명당(明堂) 등의 유지가 발굴되어 그 윤곽을 알 수 있다. 그러나 평성시대 북위 황제들의 업적은 말을 타고 거친 북중국을 달리면서 이룬 무공(武功)이다. 기마부대 정복자로서 전장을 달리는 모습이나 점령지를 공고히 안착시키려고 순행에 나선 모습이 훨씬 더 북위의 황제답지 않을까. 다퉁을 나서면서 바로 그런 현장을 찾아가기로 했다.

앞에서 이야기한 바와 같이 성락에서 평성으로 천도한 것은 후환융 라인을 넘어 중원으로 들어선 것이고, 다퉁에서 다시 남하한 것은 한족의 땅 중원에서도 한복판을 정복하는 길이다.

중원 정복의 길은 두 노선이 있다. 먼저 다퉁에서 시작하여 남북으로 길게 뻗은 동쪽의 타이항산(太行山)과 서쪽 뤼량 산맥(呂梁山脈) 사

이의 분지를 남행하면 동류(東流)로 방향을 바꾸는 황하를 만나게 된다. 황하의 동서 양쪽에 중원의 두 중심, 중국 고대사를 이끌어 온 천년고도 낙양과 장안이 있다. 낙양과 장안은 중원을 정복하려는 탁발선비에게 최후의 표적이라 할 수 있다.

중원을 정복하는 또 하나의 길은 다퉁에서 동남 방향 타이항산맥을 넘어 허베이성, 산둥성, 허난성에 걸치는 광대한 화북평원으로 나서는 길이다. 화북평원은 곡창지대이며, 남쪽 창강 유역으로 뻗어 가는 중원의 몸통에 해당한다고 할 수 있다. 이곳은 중원을 점령하는 교두보에 해당한다. 이리로 나가는 길은 평균 해발 800m의 산서고원에서 출발해 타이항산 계곡을 빠져나가 해발 50m 이하의 화북평원으로 내려서는 길이다. 정복자 유목 민족에게는 매우 중요한 길이지만 또한 생소한 길이기도 하다.

다퉁에서 타이위안을 거쳐 낙양과 장안으로 가는 길은 답사의 마지막 여정으로 남겨 두고, 타이항산을 넘어 화북평원으로 내려가는 길에 위치한 문성제의 남순비를 찾아보기로 했다.

북위 당시로 돌아가 보자. 개국 황제 도무제가 409년 자식에게 피살된 뒤 궁궐 밖으로 도피했던 태자 탁발사가 돌아와 제위에 오르니 2대 황제 명원제이다. 423년에 명원제가 병사하자 장자인 탁발도가

15세에 3대 황제에 올랐다. 그가 바로 북중국 통일의 대업을 이룬 태무제(太武帝)이다.

태무제는 15세에 진평왕에 봉해지면서 상국과 대장군직을 받아 국사에 임했고, 명원제가 병에 걸리자 국사를 총괄하기 시작했다. 이 듬해 제위에 오른 태무제는 자신을 총애한 할아버지 도무제와 비슷한 인생 여정을 걷기 시작했다. 그는 몸소 전장에 나서 뛰어난 무공으로 북중원 통일의 대업을 이뤘고, 한인 관료를 중용하여 체제를 공고히 했다.

태무제의 무공은 화려했다. 426년, 하(夏)나라를 세운 혁련발발의 뒤를 이은 혁련창을 공격했다. 427년에는 하나라 수도 통만성(統萬城)을 점령하여 혁련창을 포로로 잡고 혁련정을 친북위 군장으로 세웠다. 430년에 재차 하나라를 공격하여 사실상 패망시켰다. 432년에는 모용씨의 북연을 굴복시키고 화친을 맺었고, 436년에 북연의 수도를 공격하여 아예 멸망시켰다. 433년에는 구지국(仇池國)까지 정벌했다. 439년에는 친히 대군을 이끌고 북량(北涼)을 정벌했다. 이로써 몽골 고원 북쪽의 유연(柔然)과 티베트의 토욕혼을 제외하고, 5호가 세운 16국이 모두 역사에서 사라졌다. 북위가 북중국을 통일한 것이다. 영가의 상난으로 서진이 멸망하면서 시작된 극심한 혼란이 135년 만에 태무제의 손에 의해 일단락된 것이다.

태무제는 424~449년까지 북쪽으로 모두 열세 차례나 출정하여 유연을 격파했다. 북위는 한족이 아닌 유목민이 세운 중원 국가였으나 유연의 전략을 속속들이 알고 있었기 때문에 유목 국가 유연을 완전히 제압할 수 있었다. 북위는 북방 방어선을 구축하고자 육진(六鎭)을 설치했다. 이때 설치한 육진은 훗날 북위가 멸망하고 대당제국 창업으로 이어지는 대전환이 잉태된 곳이다.

북중국을 통일한 북위, 다시 말해 유목민의 중원 통치는 점령만큼 호락호락하지만은 않았다. 태무제는 개명한 군주였고 한인 관료를 등용하여 사회 안정을 도모하는 등 내치에도 힘썼지만, 통일 과정에서 이민족들을 강하게 압박한 탓에 민족 갈등이 계속해서 발생하기에 이르렀다. 한 예로, 칭하이성(青海省) 지역에 살던 흉노 별부인 노수호(盧水胡)를 중원으로 옮기게 했는데 이들에 대한 세금과 노역이 과중했다. 이로써 445~446년 개오(蓋吳)가 관중에서 반란을 일으켰다. 비슷한 시기에 하동 지역에서는 설영종이 봉기했다. 태무제가 직접 나서서 각개로 격파하여 진압했다. 이 과정에서 또 다시 잔혹한 살육이 벌어졌다.

잔혹한 살육은 정복과 진압 과정에서만 발생한 것은 아니었다. 내부 갈등에서도 마찬가지였다. 가장 큰 문제는 호한 간의 모순과 갈등이었다. 이를 상징하는 사건이 바로 최호(崔浩) 국사 사건이다. 최호는 도무제, 명원제에 이어 태무제까지 3대에 걸쳐 중용된 한인 관리였다. 그는 황제의 책사로서 북부와 서부의 정복에 기여했다. 내치에서도 태무제의 불교 탄압에 관계했으며, 최고 관직인 사도에 이르기까지 했다. 최호와 그를 따르는 한인 관료들의 입김 속에서 북위에는 점차 귀족 사회 체제가 도입되기 시작했고, 그것은 탁발선비 귀족들의 경계심을 자극했다.

이런 가운데 최호를 중심으로 한인 관료들이 탁발선비의 역사를 편찬하고 이를 비석에 새겨 평성의 대로에 세웠다. 비문에는 조상들이 행한 동족상잔의 참상, 황포하며 음란한 사건들까지 세세히 서술됐다. 이것이 탁발선비 귀족들의 커다란 반발을 샀다. 이에 태무제가 진노하여 최호의 가문뿐 아니라 최호와 혼인 관계를 맺고 있던 범양 노씨, 하동 류씨, 태원 곽씨 등 한인 명문가를 모조리 주살해 버렸다. 후세 사가들은 이를 두고 조상의 역사 기술에서 발생한 단순한 사건이 아니라 북위라는 국가 체제 안에서 호와 한이 첨예하게 갈등하며 충돌해서 발생한 것으로 해석했다.

무공은 눈앞의 업적으로는 빛나기 쉽다. 하지만 적절한 단계에 문치와 결합하지 않으면 금방 통치력의 한계를 드러내게 된다. 이런 면에서 북위에서는 호한의 융합은 물론, 무공과 문치를 상호 보완해야 하는 절실한 과제가 대두된 것이었다.

만년에 태무제는 평생을 전쟁과 살육으로 점철해 온 후유증이 심해졌다. 혁혁한 무공으로 스스로 무소불위의 천하 대제가 되었다고 생각했으나 속으로는 희로(喜怒)가 무상해지고 겉으로 표출되는 행위는 술주정과 다를 바 없었다. 매사에 전횡이 가중되고 주변 사람들의 목숨을 가볍게 여기면서 주살을 서슴지 않았다. 이 시기에 환관 종애(宗愛)는 태무제로부터 신임을 얻고 있었지만, 태자 탁발황(晃)

으로부터는 견제를 받았다. 종애는 훗날 태자가 황위에 오르는 순간 자신이 위태로울 것을 염려하여 태무제에게 태자에 대한 참언을 계속했다. 이에 현혹된 태무제는 태자의 측근 관속 수십 명을 일거에 살해했다. 이에 격분한 태자가 스물넷 젊은 나이에 울화병으로 죽자 태무제는 곧 자신의 행동을 후회했다.

종애는 태자의 제거에는 성공했으나 황제의 마음이 바뀌어 자신에게 화가 미칠 것을 두려워했다. 결국 종애는 술에 취한 태무제를 암살하기에 이르렀다. 도무제는 자식에게 피살되고, 태무제는 총신에게 피살되는 불운으로 생을 마감했다. 종애는 탁발여(余)를 황제로 옹립하고 자신이 대권을 틀어쥐었다. 그러나 실권은 오래가지 못했다. 종애는 10개월 후에 탁발여를 살해하고 새 황제를 옹립하려다가 대신 원하(源賀) 등에 의해 살해당했다. 대신들은 탁발황의 장자이자 태무제의 황태손인 탁발준(濬)을 황제로 옹립했으니, 그가 바로 북위의 4대 황제 문성제다.

문성제(재위 452~465)의 북위는 영토는 광대했으나 오랜 전쟁으로 국력이 쇠진되고 조정 내 변란이 끊이지 않았으며, 백성들은 신음하고 있었다. 문성제는 무공을 멀리하고 휴식을 통한 국력 재건이 필요함을 알고 있었다. 백성을 평화롭게 하고 강경책이 아닌 민심 완화책을 펼침으로써 사회를 안정시키려고 했다. 그런 가운데 461년 천하를 순유했다. 평성에서 출발하여 허베이성의 업(鄴)에 다녀온 것이다. 문성제는 귀경길에 남순비를 남겼는데, 이것이 바로 우리가 찾아가는 문성제 남순비이다.

평성시대 북위의 황제들은 치열한 약육강식을 뚫고 나온 창업자로 시작하여, 북중국을 통일한 정복자로, 다시 광대한 영역을 하나의 국가로 묶어 내는 통치자로 단계마다 자신의 역할을 변모시켜 나갔다. 그런 역할의 변모를 잘 보여 주는 것 중 하나가 바로 문성제의 남순비다.

지도를 살펴보니 문성제 남순비는 다퉁에서 동남쪽 160km 거리에 있었다. 남순비를 찾아가는 중간에 현공사(懸空寺)에 들렀다. 현공사는 문성제 시대에 창건된 사찰인데, 이름 그대로 '공중에 매달린' 절이다. 깎아지른 절벽 중간에 나무기둥을 수직으로 세우고 절벽에 구멍을 뚫어 수평 굄목을 꽂은 다음, 그 위에 전각을 세운 것이다. 중국 고대 건축의 걸작이자 미스터리이다. 이런 건축이 그 시대에 어떻게 가능했는지, 1,500년이 훨씬 넘은 지금까지 어떻게 무너지지 않고 그대로 보존되고 있는지 놀라울 뿐이다. 현공사를 찾은 또 한 가지 이유는 삼교전(三教殿)을 보기 위해서였다. 삼교전에는 보기 드물게 석가모니, 공자, 노자가 한 전각에 모셔져 있다. 다방면에서 융합을 추구한 북위가 종교와 사상에서도 융합적, 개방적이었음을 상징적으로 보여 준다.

남순비

현공사를 둘러본 다음 남순비가 있는 링추현(灵丘县)에 들러 휴식을 취한 뒤, 탕하(唐河)를 따라 계곡 길을 훑어 나갔다. 계곡은 미국 그랜드캐니언과 비슷하다. 좌우로 절벽이 솟아 있고, 그 사이로 푸른 하늘이 좁고 길게 이어진다. 계곡 아래로는 진녹색 강물이 절벽을 굽이치며 흐르고 있다. 이 물은 타이항산 계곡을 빠져나가 허베이성을 동류하여 톈진 남쪽에서 발해만으로 흘러간다.

지도상으로 도착지가 가까워져 일단은 길가에 차를 세웠다. 안내 표지판 하나 보이지 않았지만, 도로에서 계곡 쪽으로 걸어 들어갔다. 잡초가 우거진 평지 안쪽 100여m 됨직한 거리에 비석이 보였다. 나도 모르게 발걸음이 빨라졌다.

하얀 대리석으로 높이는 2.5m 정도였다. 정면에는 황제가 활을 쏜 곳이란 뜻으로 '어사대(御射臺)' 세 글자가 새겨져 있다. 문성제가 남쪽 순행을 마치고 돌아오면서 이곳에서 군신들과 활쏘기를 한 후 순행 경위 등을 상세히 기록한 남순비를 세운 것이다.

문성제 남순비는 북위 황제가 중원의 새로운 패자(覇者)로 등장하여 북방의 에너지를 중원에 쏟아부은 표시이다. 뿐만 아니라 비문에 기록된 군신들의 직명을 통해 당대 정치적 실상을 알 수 있는 중요한 사료이기도 하다. 바로 그 자리 좌우로는 거친 절벽이 에워싸고 절벽 아래로는 깊은 계곡물이 흐르는 곳이었으니 편한 자세로 풀밭에

각산사의 남순비 실물을 본 박한제 선생은 만면에 희색이 넘쳤다. 발굴 보고서를 통해 이미 학술 연구에 필요한 내용을 세세히 알고 있었으나 그 실물을 자신의 손으로 만져 볼 수 있게 된 것은 노학자에게 또 다른 감동이었던 것이다. 선생은 마멸된 비문을 한 글자씩 읽고, 귀한 손자를 어루만지듯 손으로 쓰다듬기도 했다. 고문헌과 연구 논문에 묻혀 사는 역사학자에게 이런 현장의 감동이 따로 있었던 것이다.

각산사

주저앉아 중국의 그랜드캐니언을 감상하는 것만으로도 멋진 시간이었다.

어사대 비석 뒷면의 명기(銘記)를 자세히 읽어 보니, 이곳에 있던 남순비 실물은 각산사(覺山寺)에 보관되어 있다고 기록돼 있었다. 지도에서 각산사를 찾아보니 가까운 곳이기에 곧바로 찾아갔다. 계곡을 따라 4~5km 정도를 내려가니 절 입구가 나왔다. 각산사는 북위 효문제가 483년에 어머니의 은공을 기리고자 창건한 사찰로, 황제가 편액까지 하사했다고 한다.

입구에 들어서서 안내도를 살펴보니 오른쪽에 있는 비정(碑亭)이 눈에 띄었다. 그리로 가 보니 문이 열린 작은 전각이 하나 있었고, 그 안에는 오래된 비석 몇 개가 있었다. 그중 큼지막한 비석을 자세히 보니 깨진 비석 조각들을 다시 맞춰 놓은 것이었다. 상단에는 전서체로 쓰인 여섯 글자가 크게 새겨져 있었는데 쉽게 읽히지 않았다. 한 글자씩 읽어 갔다.

皇帝南巡之頌

황제남순지송

바로 남순비 실물이었다! 국보급 남순비가 이렇게 썰렁한 곳에 방치된 듯 보관되어 있다는 게 안타까웠지만, 그런 덕분에 직접 만져 볼 수 있었으니 부실한 관리를 탓할 것만도 아닌 게 되었다.

토벌 선비

북방기행 11

풍 태후

태후의 섭정,
반항과 순응의 정치학

연무에 휩싸인 영고릉 가는 길

답사 14일 차,

풍 태후의 능침 영고릉을 찾아가기로 했다.

영고릉은 산시성 다퉁시에서 서북으로 34km 떨어진 양산 정상에 있다.

양산은 다퉁 시내보다 해발 300m 정도 높은 산으로, 정상부의 놀랄 만큼 평평한 대지가 특이하다.

평지 남쪽에는 영고릉이, 북쪽에는 효문제의 수릉이 있다.

문성제(재위 452~465)는 북위의 네 번째 황제다. 북위의 건국 황제 도무제는 창업의 공을 세웠고, 3대 태무제는 북중국 통일이란 대업을 이뤘다. 북중국의 광대한 영역을 다스리게 된 북위는 강남 유역으로 피난 간 서진의 임시 정권인 동진(東晉)과 그를 이은 송(宋), 제(齊), 양(梁)과 남북으로 대치하는 구도를 이뤘다. 이를 '남북조'라 한다. 그러나 4대 문성제 당시의 시대적 상황은 달랐다. 북중국을 통일했지만 국력은 이미 고갈되었고, 백성들은 백 년 넘게 지속된 전란에 지쳐 있었다. 북위는 휴식을 필요로 했고 무공에 문치를 더하지 않으면 안 되는 상황이었다.

문성제는 무공과 전란의 시대에 행하던 강압적 정책 수단을 경감하고 원근의 백성들을 위무하면서 사회의 안정을 도모했다. 운강석굴 창건을 비롯해 불교를 부흥시킨 것은 그런 차원에서였다. 그러나 문성제는 26세의 젊은 나이에 세상을 떠났다. 역사에 큰 업적을 남기지는 못했지만, 결과적으로 자신의 과업을 이어 간 중요 인물들을 남겼다. 황위를 이어받은 아들 헌문제와 손자 효문제 그리고 황후 풍 씨였다. 문성제가 서거하자 풍 씨는 태후(문명태후)가 되어 종실의

구분	기간	풍 태후	비고
헌문제	465~467년	1차 섭정	을혼 제거, 태후당 구축
	467~470년	효문제 양육 (헌문제 친정)	태후당 간접 통제
	470~471년		470년 헌문제–풍 태후 갈등 폭발
효문제	471~476년 헌문제=태상황	2차 섭정	476년 헌문제 독살
	476~490년		490년 풍 태후 사망
	490~499년	사후 (효문제 친정)	494년 낙양 천도

풍 태후 섭정사

좌장으로서 어린 헌문제와 효문세를 대신해 임조청정(臨朝聽政)을 실시했다.

　문성제 사후의 역사는 풍 태후 섭정기와 효문제 친정기로 구분할 수 있다. 풍 태후는 11세의 나이로 제위에 오른 헌문제를 대신해 섭정을 했다. 2년 후에 손자가 태어나자 후사가 될 효문제를 양육한다는 명분으로 칩거한 후 사서 기록에서는 잠시 사라졌다. 그러나 470년 헌문제와 풍 태후는 정치적으로 심각한 갈등을 일으켰다. 이로써 헌문제가 5세 된 아들(효문제)에게 제위를 넘겨주고, 풍 태후는 황제의 할머니 자격으로 다시 섭정을 시작했다. 476년, 태상황 헌문제는 독살되었고, 이후 풍 태후의 권력은 하늘 높은 줄 모르고 올라갔다. 견제할 만한 적수가 없었다. 엄연히 적통 탁발선비 황제가 이어 갔음에도 풍 태후가 한 시대를 풍미했던 배경은 무엇일까. 여기에는 한 여인의 드라마틱한 스토리에 궁중의 권력 쟁투가 가미되고, 위대한 역사적 전환으로 평가되는 급진적 호한융합 정책이 섞여 있다.

답사 14일 차, 우리는 풍 태후의 능침 영고릉(永固陵)을 찾아가기로 했다. 관광은 궁전을 찾아가는 유람이고, 역사는 무덤과의 대화가 아니겠는가. 영고릉은 산시성 다퉁시의 외곽에 있는 양산(梁山, 현 方山) 정상에 있다. 다퉁 시내에서 서북으로 34km 거리다. 양산은 다퉁 시내보다 해발 300m 정도 높은 산인데 특이하게도 정상부는 봉우리가 아니라 평평한 대지(臺地)다. 차량은 거친 숨을 내쉬며 가파른 산길로 고도 300m 차이를 단번에 올라섰다.

정상부에 올라서면 놀랄 만큼 넓은 평지가 펼쳐진다. 평지 남쪽에 큰 봉분이 보이고 북쪽에 작은 봉분이 한 기 더 있다. 큰 것이 영고릉이고 작은 것이 효문제의 수릉(壽陵)이다. 수릉은 생전에 조성해 둔 가묘(假墓)다. 그러나 효문제가 여기에 묻히지 않았기 때문에 수릉은 그대로 남아 있다. 효문제가 풍 태후 사후에 다퉁에서 낙양으로 수도를 옮겨 버리고, 자신뿐만 아니라 황실의 분묘를 모두 낙양 북망산에 쓰도록 했기 때문이다.

먼저 효문제 수릉의 봉분에 올라갔다. 중국은 우리와 달리 봉분 위에 올라가는 것이 허용되는 능묘가 꽤 많다. 기단부는 폭이 60m

영고릉

정도이며 봉분 높이는 13m이다. 차량으로 다시 풍 태후의 영고릉에 다가섰다. 기단부의 가로, 세로가 각각 117m와 124m이고, 높이는 23m나 된다. 가로, 세로, 높이 모두 효문제의 수릉보다 2배 정도 되니 체적으로는 8배나 된다. 영고릉 정상에 올라서서 뒤편의 효문제 수릉을 내려다보면 아이들 놀이에서나 보는 두꺼비집처럼 왜소해 보인다. 반대편 남쪽으로 시선을 돌리면 다퉁 시내가 훤히 내려다보인다.

박한제 선생의 영고릉 해설은 마치 서화를 독해하는 느낌이었다. 영고릉에서 다퉁을 바라보면, 산 위의 용상에 풍 태후가 앉아 있는 듯하다. 풍 태후는 산 아래의 손자 효문제가 무슨 짓을 하고 있는지 유리알처럼 낱낱이 들여다보고 있는 것이다. 그러다 시선을 돌려 효문제 수릉을 보면 그 왜소함이 확연하게 눈에 들어온다. 효문제는 풍 태후의 훈육과 섭정에 눌린 채 주변 중신들에게 완전히 포위되어 숨이 턱턱 막혔을 텐데, 죽어서도 할머니의 치마폭에 감겨 있어야 하는 처지였던 것이다. 헌문제는 풍 태후에게 반항하다 독살됐고, 효문제는 영악스럽게도 풍 태후가 죽기만 기다렸던 것이 아닐까? 효문제는 풍 태후가 죽고 친정을 시작한 지 얼마 되지 않아 나라 기둥을 뽑아 옮기듯 낙양으로 천도를 했다. 시대적 책무로 보면 호한융합이라는 거대한 행보였지만, 효문제 개인으로 보면 할머니 풍 태후 치마폭으로부터의 엑소더스였던 것이다.

영고릉 봉분 위에서 바라본 효문제 수릉. 가운데 도굴의 흔적이 남아 있다.

풍 태후의 인생은 한 편의 드라마가 아닐 수 없다. 풍 태후는 북연(北燕)의 한족 출신 군주인 풍홍(馮弘)의 손녀이며, 부친 풍랑(馮朗)은 계모의 박해를 피해 북위로 도주했다. 여기서 낳은 딸이 풍 태후이다. 태어나기 몇 해 전에 북연은 이미 북위에 의해 멸망된 상태였다. 아버지는 죄인으로 몰려 죽고, 딸은 북위 궁궐에 궁녀로 들어가는 초라한 신세로 전락했다. 그런데 문성제가 14세에 황위에 오르자 11세의 풍 태후에게 문성제의 귀인이 되는 행운이 찾아왔다. 3년 후엔 황후에 올랐다.

문성제가 26세에 세상을 뜨자 12세 아들 탁발홍(弘)이 제위에 올라 헌문제가 되었다. 헌문제의 생모는 자식이 태자가 되면 어머니를 자결시키는 자귀모사 제도로 인해 자결해야 했고, 헌문제는 생모가 아닌 풍 태후의 손에 성장했다. 친아들이 아닌 헌문제가 즉위하자 23세의 풍 태후는 섭정을 시작했다. 풍 태후는 당시 조정 실권자였던 을혼(乙渾)을 제거하고 권신들을 중용하여 실권을 장악했다. 이것이 풍 태후의 1차 섭정이다.

1차 섭정을 시작한 지 18개월 후에 헌문제의 아들이 태어나자 풍 태후는 손자를 키운다는 명목으로 섭정을 중지하고 칩거에 들어갔다. 그렇지만 풍 태후가 총애하는 신하들이 태후의 당을 이루고 헌문제를 겹겹이 둘러싸고 있었다. 그런데 문제가 있었다. 풍 태후는 조정 대신을 포함해 마음에 드는 남자들을 침소에 불러들였던 것이다. 이로써 헌문제의 불만이 커졌고, 모종의 사건을 핑계로 풍 태후가 총애하던 이혁(李奕)을 주살해 버렸다. 이 사건은 헌문제와 풍 태후의 갈등에 불을 붙인 도화선이 되었다. 둘 사이에 갈등은 심각했고, 결국 풍 태후의 핍박으로 헌문제는 5세 아들 효문제에게 제위를 물려주었다. 그리고 자신은 18세의 나이로 중국 역사에서 가장 젊은 태상황이 되었다.

풍 태후는 효문제의 조모, 즉 태황태후로서 직접 조정에 나와 실권을 휘둘렀으니 이것이 풍 태후의 2차 섭정이다. 그렇다고 해서 태상황 헌문제가 손을 놓고 있었던 것은 아니다. 그는 수시로 조서를 내리고 친히 군대를 통솔해 전장에 나가기도 했다. 그러나 자신을 양육했던 풍 태후와의 정치적 갈등은 헌문제의 독살로 끝나고 말았다.

풍 태후는 효문제를 매우 엄격하게 교육시켰다. 황제 즉위 초기에는 엄동설한에 홑옷만 입힌 효문제를 작은 냉방에 가두어 사흘 동안 굶기기도 했다. 그런 한편 각종 개혁 정책을 추진하는 과정에서 어린 효문제를 배제하지 않고 항상 입회시켜 참관하게 했다. 효문제는 위편삼절(韋編三絕, 공자가 주역을 즐겨 읽어 책의 가죽 끈이 세 번이나 끊어졌다는 뜻으로, 책을 열심히 읽음을 이르는 말)하며 문장을 익혀 유교 경전과 백가에 능통한 총명한 황제로 성장했다. 풍 태후는 조칙을 작성할 때 효문제가 직접 문장을 쓰게 했다. 이렇게 힘든 과정을 거쳐 후계자로 인정받은 효문제는 486년, 즉 황제에 오른 지 15년이 지나서야 비로소 곤룡포

영고릉 남쪽 기슭에는 풍 태후에게 제사를 지내기 위한 터가 지금도 남아 있다. 멀리 다퉁 시내가 흐릿하게 보인다.

와 면류관을 쓰고 정무에 임했다. 황제에 대한 훈육을 포함한 풍 태후의 권력 장악도 대단했지만, 효문제의 인내심 내지 영악함도 그에 못지않았다. 효문제는 헌문제와는 달리 풍 태후의 권위에 도전하기보다는 자신의 시대가 오기를 묵묵히 기다렸던 것이다.

그러나 풍 태후는 두 차례의 섭정에서 권력의 향유에 빠져 있던 것이 아니다. 이 시기에는 '태화개제(太和改制)'라고 지칭되는 일련의 호한융합 개혁 정책이 실시되었다. 태화개제는 효문제의 이름으로 이루어졌다고 기록되어 있지만, 전반부는 섭정을 했던 풍 태후의 작품이고, 풍 태후 사후 효문제 친정기에 개혁 정책의 후반부가 이어진 것이다.

태화개제는 봉록제와 균전제, 삼장제가 핵심 정책이다. 북위 태무제가 북중국을 통일했을 때만 해도 통치 체제는 아직도 부락연맹체를 완전히 벗어나지 못했다. 관리들은 정해진 봉록이 없었고, 탁발선비 귀족은 부락연맹의 유습에 따라 각종 특권을 바탕으로 백성들을 직접 지배했다. 따라서 상대적으로 황제의 지배력이 그다지 견고하지 못했다. 반복되는 전란 때문에 토지에서 유리된 농민은 유민으로 떠돌거나 귀족에 예속되면서 국가 전체의 생산성을 높이기에 한계가 있었다.

풍 태후는 이런 한계를 타개하고 황제의 권력을 강화하고자 개혁 조치를 시행했다. 첫 번째 개혁 조치는 484년 시행한 반봉록(班俸祿)이다. 북위가 개국했을 당시 관리들은 별도의 봉록이 없었다. 황제가 수시로 하사하는 상 이외에는 평소에 관직을 이용해 스스로 재부를 챙기는 방식이었다. 부족연맹과 약탈 경제의 유목사회 관습이 상당히 남아 있었던 것이다. 전쟁 시기에는 적국을 약탈할 수 있었기 때문에 재화 분배가 어느 정도 가능했지만, 평시에는 무장과 귀족, 고관들이 제각각 백성들의 고혈을 짜내기 일쑤였다. 국가 체계에서 보면 기층민을 불안정하게 함으로써 국력이 더 이상 성장하지 못하게 하는 장애 요소였던 것이다.

이를 개혁하기 위해 기존의 호조(戶租) 이외에 각 호마다 일정한 조를 추가하여 봉록의 재원으로 삼고, 백관에게는 지위에 따라 봉록을 정해 주는 한편, 독직으로 재물을 취하는 관리는 엄히 다스렸다. 일시적으로 백성의 조세 부담이 늘었지만, 장기적으로는 이익이 되었다.

봉록제 시행 이후 풍 태후는 지방으로 사자를 파견해 실태를 점검했다. 익주 자사인 효문제의 외숙이 봉록 외의 재물을 거둔 것이 적발되자 자결을 명한 한편, 이에 연루된 지방 관원 40여 명을 사형시키기도 했다. 이 조치는 실질적으로는 탁발선비 귀족의 기득권을 축소하고 한인 관료들의 주장을 수용한 것으로, 강력한 개혁 조치의 일환이었다.

485년 가을에는 균전령(均田令)을 내렸다. 주인 없는 토지를 국가 소유로 하여 농민에게 분배해 주고 토지마다 정해진 품목을 경작하게 했다. 국가가 농민들을 직접 지배함으로써 생산성을 높이고 세수와 노역을 통해 국가 재정을 건실하게 유지한 것이다. 북위의 균전제는 수·당 시대에도 경제적 기초가 되었다. 균전제는 '균분'을 명목으로 내걸었지만, 실제 목적은 생산 계획에 따라 피정복민에게 곡물, 비단, 포백, 유, 대추 등을 생산하게 하는 이른바 '할당 생산' 체제다. 이는 유목 민족이 통상적으로 행하는, 즉 능력에 따라 특정물 생산에 종사케 하는 방식에 한족의 균분을 융합한 제도로, 경제적 측면에서의 호한체제라는 것이다.

풍 태후의 개혁 조치는 계속되었다. 486년에는 지방 기층 조직을 강화하고자 삼장제(三長制)를 시행했다. 서진 멸망 이후 북중국은 오주(塢主)라고 하는 지방 호족을 중심으로 자력 방어와 자급자족의 행정이 보편적으로 행해지고 있었다. 북위 건국 후에는 각지의 오주(塢主)가 지방 행정 권력을 대행하는 종주독호제(宗主督護制)로 바뀌었다. 그런데 이 체제에서는 은폐되는 호구가 발생해 국가의 재정 수입이나 노역 징발이 제대로 되지 못하고 백성 사이에도 불균등이 많았다. 이들을 국가가 직접 지배하는 호구로 편입하고자 종주독호제를 폐지하고 삼장제를 실시한 것이다. 삼장제는 반상회와 같은 조직이다. 5가(家)를 인(隣)이라 하고, 5인을 리(里)로, 5리를 당(黨)으로 묶어 각 단계마다 인장(隣長), 이장(里長), 당장(黨長)을 임명해 관할하게 한 것이다. 이로써 오주의 통솔하에 있던 농민들을 국가가 직접 지배하는 체제로 전환한 것이다.

개혁 조치의 기본 방향은 북방의 유목적 관습에 기반을 둔 부락연맹체 또는 분권적 사회경제 체제를 중앙 정부가 직접 지배하는 체제

영고릉 올라가는 길, 이제는 사람이 살지 않는 폐허가 된 마을 건물들

로 전환하는 것이었다. 이것은 곧 귀족이나 지방 호족을 약화시키고 황제의 권력을 강화하는 것이었다. 군사적 성공 이후 한 단계 높이 발전하려면 피할 수 없는 시대적 책무였다.

풍 태후는 개혁 정책을 추진하면서 탁발선비 귀족뿐 아니라 한인 관료를 중용하고 한인 지주에 대해서도 적절하게 안배했다. 대국과 북위의 탁발선비 권력에는 자의 반 타의 반 한인들이 참여해 왔다. 풍 태후가 보수적인 탁발선비 귀족을 약화시키고 황제의 중앙집권을 강화하는 과정에서 중원의 발달된 제도를 도입하고 한인 관리들을 중용한 것 역시 북방과 중원의 융합이었다.

호한융합이란, 호와 한이 밀고 당기고, 주고받고, 저항하고 순응하는 단계를 반복하는 과정이었다. 탁발씨는 황제의 권력을 중심으로 강력한 이니셔티브를 주도하여 호한융합을 이루었는데, 이 과정에 최호 같은 한인 관료가 있었고, 풍 태후 같은 한족 출신의 태후도 있었다. 이것도 호한융합의 한 얼굴이 아닐까.

영고릉에서 내려오는 길은 이미 어두웠다. 풍 태후의 영고릉은 실물이 확인된 첫 번째 황실의 분묘다. 효문제의 장릉은 낙양 북망산에 있다. 장릉 옆에는 효문제 황후의 묘소가 있는데, 영고릉과는 반대로 효문제의 능이 압도적으로 거대하고 황후의 능역은 매우 소박하다고 한다. 잠시 몰아친 여성의 시대는 가고 남성의 시대로 복귀했음을 말하는 것인지도 모른다.

역사는 무덤과의 대화라고 한다. 그 안에서 발굴되는 부장품만이 아니라 무덤의 양태에서도 역사를 읽을 수 있다. 그러나 도무제 이후 풍 태후의 부군인 문성제와 헌문제까지의 능침은 허린거얼 인근의 금릉(金陵)에 묻힌 것으로 기록되어 있다. 금릉이 어디인지 아직 확인되지 않았고, 어디에서도 능침의 흔적이 발견되지 않았다고 한다. 이를 두고 중국사에서는 '금릉의 미스터리'라고 한다. 이와는 달리 한족 영역에 한족 황실의 위엄으로 평성 북산에 자리 잡고 있는 풍 태후는 독특한 위상을 차지한다. 그러나 효문제가 낙양으로 천도하는 바람에 속이 비어 있는 수릉 하나만 거느리고 있으니, 역사는 자기 욕심대로 되는 것은 아닌 게 분명하다.

운강 석굴

북위 시대 건축된 중국 최대의 불교 석굴 사원

북방기행 12

효문제

평성에서 낙양으로
온몸을 던지다

장릉으로 가는 길

사과나무 과수원으로 둘러싸인 장릉

시안에서 동행과 함께한 답사를 모두 마치고 베이징으로 가는 길에

나는 홀로 뤄양의 효문제 장릉을 찾아갔다.

장릉을 찾기는 했으나 사과나무 과수원의 철조망이 능을 완벽하게 차단하고 있었다.

주인마저 외출한 터라 들어갈 수도 없었다.

탁발선비가 역사에 남긴 것은, 왕조로서는 대국과 북위를 세워 중원 국가로 발돋움한 것과 이후 대당제국의 기반을 닦은 것이다. 역사의 발전 측면에서 호한융합의 문명사적 전환을 이룬 것이라고 할 수 있다. 물론 선비족이 동아시아 역사 전면에 등장하기 이전 한나라와 흉노의 적대적 대결 시대에도 상호 접변은 끊임없이 발생하고 있었다. 서로 다른 이질적인 문화가 접촉하면 상호 접변이 일어나는 것은 자연스러운 현상이다.

그러나 위진남북조 시대의 접변은 그 규모나 질적인 면에서 근본적으로 달랐다. 북중국에서는 탁발선비로 귀결되는 오호(五胡)가 정치적, 군사적 이니셔티브를 쥐었기 때문에 소극적이고 자연발생적인 접변이 아니라 적극적이고 인위적인 융합이었다. 변화의 폭은 넓고 깊었고, 변화의 속도 역시 대단히 빨랐다. 자연스럽게 일어난 점진적 변화가 아니라 국가가 정책으로 공포하고 강제력을 동원하여 시행한 것이 많았기 때문이다.

융합의 추진력과 변화 속도로 보면 풍 태후 사후 효문제 친정 시기에 정점을 이뤘다. 효문제는 자신의 정신과 육체에서 권력에 이르기까지 모든 것을 융합이란 용광로에 '쏟아부은 것 같다. 조상이 물려준 북방의 성(姓)을 스스로 한족의 성(姓)으로 바꾸고, 궁정 내에서 문자와 언어까지 한어를 강제했다. 또한 권력의 중심부인 수도를 평성에서 중원 북부 낙양으로 옮겼다. 1,500년 후인 지금 봐도 숨이 막힐 정도로 급진적이었다.

탁발선비 천년 역사는 정말 드라마틱하다. 기승전결 구조를 절묘하게 이어 간 장편 서사시라고나 할까. 선비족 탁발부가 알선동을 떠나 초원으로 들어가고 다시 남천하여 천녀(天女)와 결합하여 흉노 고지에 다다른 것을 기(起)라 하면, 그다음 대국과 북위를 거쳐 태무제가 북중국을 통일하고 효문제가 호한융합 정책을 강력히 시행하여 중원의 제국으로 솟아오르게 한 시기는 승(承)이라 할 것이다. 다시 북제와 북주, 수나라로 전환하여 새로운 추동력을 끌어낸 것을 전(轉)이라 할 수 있고, 수를 뒤엎은 당나라가 대당제국을 세워 '장안의 봄'을 꽃피우며 세계사의 새로운 장을 연 것이 결(結)이다. 이런 드라마틱한 기승전결에서 효문제는 상승 기류의 정점을 찍은 장본인이다.

답사 일행이 각자의 일정에 맞춰 모두 귀국한 다음, 나는 효문제를 만나고자 혼자서 허난성 뤄양(洛陽, 낙양)으로 향했다. 뤄양시 북쪽

교외에 있는 망산(邙山)에 효문제의 장릉(長陵)이 있다. '살아서는 소항(쑤저우와 항저우), 죽어서는 북망'이라는 바로 그곳으로, 후한 황제들과 당송 시기 저명인사들의 묘소가 많다. 효문제 이후 북위 황제들의 분묘도 모두 이 지역에 있다.

시안에서 뤄양을 향해 가는 날은 흐린 날에 연무도 꽤나 짙었다. 뤄양 시내에서 여장을 풀고, 이튿날 아침 안개비 속을 뚫고 장릉을 찾아갔다. 행정 구역상으로는 뤄양시 멍진현(孟津县)인데, 지도에는 위 효문제묘(魏孝文帝墓)로 되어 있다. 내비게이션을 이용해 목적지를 찾아갔다. 새로 포장한 왕복 8차선의 시원한 도로를 타고 가다가 내비게이션이 알려 준 지점에 정차하자 예상 외로 대형 주유소만 있었다. 노점상 아주머니에게 묻자 1km 전의 작은 마을을 가리킨다. 찬찬히 살펴보니 뿌연 연무 속에 커다란 봉분이 어렴풋이 보이긴 했다.

차를 돌려 다가가니 봉분이 또렷이 보였다. 밭 사이에 난 좁은 길을 따라 봉분에 접근했지만, 사과나무 과수원의 철조망이 가로막고 있었다. 어딘가 허술하게 뚫린 구멍도 있을 법한데 새로 설치한 탓인지 그런 것도 없었다. 다시 마을로 나올 수밖에 없었다. 마침 중년 사내 몇 명이 지나가기에 봉분에 접근하는 길을 물었다. 그런데 효문제의 묘는 맞지만 과수원 주인이 외출 중이라서 들어가지 못한다는 것이다. 어이가 없었다.

길가 철조망을 따라가 보니 과수원 정문이 나왔다. '제릉화과양생원(帝陵花果養生园)'이란 간판이 번듯이 걸려 있었다. 제릉은 장릉을 지칭

장릉으로 가는 좁은 길은 철조망이 접근을 막고 있다.(위)
장릉을 가로막고 있는 '제릉화과양생원' 출입문(아래)

하는 것이고, 양생은 '건강 증진' 정도의 뜻이다. 화과는 과일의 의미
도 있지만 손오공이 살던 산의 명칭이기도 하니 손오공의 활력을 중
의법으로 차용한 듯싶다. 제왕의 기를 받아 손오공처럼 건강하게 해
주는 건강식품을 판다? 나름대로 문학적 감각이 있는 명칭이었다.

  그러나 탁발선비 천년 역사에서 한 정점을 찍은 황제 능이 겨우
이런 간판을 달고 있는 철조망으로 차단되어 있다니! 고답적인 중화
주의 관점으로도 '한화로 개혁한 위대한 황제'에게 이런 푸대접이라
니, 지방 관리들의 무성의를 힐난해야 할지 북위가 중국에서 이렇게
홀대받는다고 강호의 제현에게 고자질이라도 해야 할지……. 이곳까
지 찾아온 외국 과객이 그냥 지나치기도 민망한 꼴이었다.

  효문제는 북위의 6대 황제로, 467년 태어나 499년에 33세의 나이
로 죽었다. 헌문제 탁발홍의 장자이며, 이름은 탁발굉(宏)이다. 나중에
한족식 성으로 바꿔 원굉(元宏)이라고도 한다. 탁발선비는 대륙을 통
치하면서 성을 원(元)으로 바꿨고, 훗날 남하하여 대륙을 석권한 몽골
족은 국호를 원(元)으로 했으니 뭔가 상통하는 것이 있을 듯하다.

  효문제는 3세에 태자에 책봉되었는데 자귀모사제로 생모 이 씨는
죽임당했고, 조모 풍 태후의 손에 양육되었다. 풍 태후가 헌문제에
대한 섭정을 시작한 지 18개월 후에 효문제가 태어났고, 그로부터

몇 년간 손자 양육을 빌미로 칩거했다. 그 기간에 풍 태후는 사서에서 사라졌다. 효문제가 풍 태후의 손자가 아니라 친자라는 설도 꽤 설득력이 있다. 그렇다면 자귀모사를 피하고자 친자를 손자라고 우기는 풍 태후의 위장술책이 발동된 것인지도 모른다.

효문제는 풍 태후와 헌문제의 갈등 속에 471년, 5세의 나이로 황제가 되었다. 황제였지만 공식적인 조모인 풍 태후의 철저한 섭정과 엄격한 훈육 아래 양육되었다. 그는 순종형 모범생이었다. 사서의 인물평에 따르면, 일생 독서를 좋아하여 손에서 책을 놓지 않았고, 장자와 노자를 논하기 좋아했으며, 불교 교리에도 능통했다고 한다. 효문제는 조칙을 내릴 때 문장을 직접 쓸 정도로 고급 문장에도 능했고, 중원 문명에 대한 교양도 풍부했다. 그의 시호가 효(孝)와 문(文) 두 자로 만들어진 것도 이를 말해 준다. 무공으로 호한융합을 이루었던 선대 황제와는 달리 문치로 호한의 융합을 이룬 역량 있는 황제였다. 그는 풍 태후가 사망하고 난 뒤인 490년, 24세 때 친정을 시작했다. 이후로 풍 태후 섭정 당시의 호한융합 정책을 더욱 강력하게 추진했기에 중국에서는 '걸출한 개혁가'로 칭송된다. 그의 업적을 국가 개조사업이라고 평가하기도 한다.

그가 실행한 가장 강력한 호한융합 정책은 평성에서 낙양으로 천도한 것이다. 이미 초원의 유목국가가 아니라 중원의 국가 체계를 갖춘 북위에게 천도란 단순히 궁성의 이전만이 아니었다. 그것은 황제 스스로 권력 기반을 새로운 지역으로 옮기는 대단한 정치적 도박

이자 모험이었다. 특히 북방 위주의 국가 전략을 남방 위주로 일대 전환한 것이었다. 이는 조정 중신과 보수 귀족들에게 기득권 포기를 강요한 것이며, 중원 국가로 확고하게 뿌리내린다는 엄청난 개혁 행보였다.

효문제가 천도 의사를 처음 밝혔을 때 조정 안팎에서 상당한 반대에 부딪혔다. 낙양의 무더운 여름 날씨에 적응하지 못한 북방 출신의 군신은 물론이요, 일부 한인 관리들도 '10대 불가론'을 들어 천도에 반대했다. 효문제는 통상적인 방법으로는 천도가 어렵다고 판단하고 일종의 책략을 사용했다. 당시 창강(長江)과 그 이남 지역에서는 이미 멸망한 동진에 이어 유송(劉宋)을 거쳐 남제(南齊)가 북위와 대치하고 있었다. 효문제는 남제를 정벌하여 천하를 통일한다는 명분으로 군대를 일으켰다. 조정 중신들은 군사를 일으킬 때가 아니라며 반대했으나 효문제는 493년 친히 30만 대군을 이끌고 남하했다.

낙양에 도착했으나 가을비가 한 달 내내 이어졌다. 길은 진창이 되어 도저히 행군할 수 없었지만, 효문제는 선두에 서서 진군을 독려했다. 대신들은 남제 정벌 취하를 간했지만, 효문제는 중도 회군은 후대의 웃음거리가 된다면서 진군을 고집했다. 그리고 대신들이 반대 의견을 지속적으로 간언하자 드디어 본심을 드러냈다. 낙양 천도에 찬성할 경우 철군하여 남제 정벌을 미루겠다는 것이었다. 아무도 선뜻 대답하지 못하자 효문제는 대신들을 밀어붙였고, 관리들은 마지못해 천도에 찬성했다. 한마디로 주력 군대를 이끌고 낙양에 주저앉음으로써 천도를 성사시키는 계기를 마련한 것이다.

천도 직후 탁발선비의 습속에 대해서도 강력한 한화(漢化) 개혁 정책을 시행했다. 선비족의 호복을 벗고 한족 복장을 착용하게 했다. 분묘는 평성에 쓰지 못하게 하는 대신 낙양 망산에 조성하게 했다. 조정 내에서는 선비 모어가 아닌 한어만 사용하게 했다. 문화 방면에서도 천도에 버금가는 급진적인 개혁을 시행한 것이다.

그 이듬해인 495년에는 선비족 전통 성도 한족의 성으로 바꾸게 했다. 북방 민족의 성은 탁발, 독고, 파다라(破多羅), 발략라(拔略羅) 등과 같이 한자로 음역하여 표기하면 두 글자 이상의 복성이 많았다. 이 것을 한족 방식의 단성으로 바꾸도록 한 것이다. 그리하여 탁발은 원(元), 독고는 유(劉), 고차(高車)는 적(狄), 울지(尉遲)는 울(尉), 파다라와 발략라는 반(潘)으로 개성했다. 드물기는 하지만 개중에는 발발(拔拔)을 장손(長孫)으로 바꾼 것처럼 한식 복성으로 바꾼 것도 있고, 우문(宇文)과 모용(慕容)처럼 바꾸지 않은 것도 있었다. 성씨 문화가 확고했던 중원에서 조상이 물려준 성을 후손이 바꾸는 것은 있을 수 없는 일이었으나 북방의 성씨 관념은 중원과는 사뭇 달랐다. 그럼에도 성을 한꺼번에 바꾸는 것은 실로 엄청난 문화 개혁이자 문명적 실험이 아닐 수 없었다.

낙양에 주저앉은 효문제는 임성왕 탁발징(拓跋澄)을 평성으로 보내 보수적인 귀족들에게 낙양을 천도의 최적지로 선전하게 했다. 자신은 중원의 여러 지역을 순행함으로써 천도를 번복할 생각이 없음을 과시하고, 이후 자진하여 평성으로 들어가 선조들이 수차례 천도한 것을 상기시키고 천하를 다스리는 방편으로 낙양 천도를 강력히 주장하고 설득했다.

일부 한화 개혁 정책에 약간의 완화 조치도 뒤따랐다. 조정에서 한어만을 사용하게 한 것에 대해 30세 이상의 관리는 면제해 주었다. '기러기 신하[雁臣]'라 하여 여름에는 낙양보다 시원한 평성에 머물도록 허용하기도 했다. 그러나 천도에 대한 불만은 쉽게 누그러들지 않았다. 천도를 포함한 급진적인 한화 융합 정책은 내란으로 이어졌고, 태자 탁발순(恂)이 평성으로 돌아가 천도 반대 반란 세력에 가담하는 사태까지 벌어졌다. 효문제는 국가 개조사업 때문에 태자를 사사(賜死)하는 불행까지 겪었다.

효문제의 개혁 정책은 귀족제로의 전환을 추구한 것이다. 위나라와 진나라, 동진 이후의 남조는 귀족 사회로 공고해졌다. 귀족제의 원리는 인격적 자질에 가치의 기준을 두되, 그 자질은 개인의 능력보다는 대대로 학풍과 교양으로 닦여진 우수한 가풍을 유지해 온 가문에서 생긴다는 사고에 기초한 것이다. 출신 가문에 상응하여 관직을 부여하는 일종의 신분제다. 가문의 사회적 지위와 관직의 정치적 지위를 직접 연계함으로써 귀족 계층이 대를 이어 정치·사회적 리더십을 이어가게 한 것이다. 효문제는 이런 귀족제를 정책적으로 도입했다. 호족과 한족의 통혼을 통해 융화시키는 동시에 귀족제적 계층 조직을 국가가 주도적으로 정비했으니 이게 바로 성족상정(姓族詳

定)이란 시책이다.

낙양 천도 후 496년에 시행한 성족상정은 한족의 범양 노씨, 형양 정씨, 태원 왕씨, 농서 이씨, 조군 이씨 등 다섯 가문을 북위 황실과 통혼 가능한 1급 귀족으로 승인했다. 그 외의 가문에 대해서는 선조부터 3대에 거쳐 역임한 관직의 고하를 조사하여 갑성, 을성, 병성, 정성의 네 계층으로 구분했다.

호족의 목(穆, 원래 성은 丘穆), 육(陸, 步六孤), 하(賀, 賀賴), 유(劉, 獨孤), 누(樓, 賀樓), 우(于, 勿忸), 혜(嵇, 紇奚), 울(尉, 尉遲) 등 8개 성은 도무제 이후 큰 공을 세워 최고 관직을 수여받았으므로, 한족 4성과 마찬가지로 황실과 통혼할 수 있는 가문으로 인정받았다. 한족 4성 아래 4계층과 마찬가지로 호족 역시 4등급으로 구분했다.

효문제의 이런 국가 개조는 한화 정책이자 귀족화였다. 그러나 이런 문화와 제도는 한마디의 황령(皇令)으로 자리 잡히는 것이 아니다. 관행이 반복되어 경험이 축적되는 것도 필요하고, 그 부작용도 수없이 닦아 내야만 정착되는 것이다. 그렇지 않으면 부작용이나 역작용에 모든 것이 수포로 돌아가기도 한다.

효문제는 한화 개혁 정책을 시행한 다음, 497년부터 수차례에 걸쳐 남제 정벌에 직접 나섰다. 전투에서는 여러 차례 승리를 거두었지만 남제를 멸하지는 못했으며, 499년 원정 중 병사했다. 효문제는 한화 개혁을 정책적으로 강력히 밀어붙였지만, 이후의 책무는 후계자의 몫이었다. 원래의 태자를 사사한 이후 새로 책봉된 태자 원락

(元恪)이 효문제의 뒤를 이어 선무제가 되었다.

효문제의 한화 개혁은 호한융합이라는 거대한 흐름에 정책적 정점을 찍었다. 그 가운데 낙양 천도는 남북 대결 국면에서는 천하통일의 기반을 마련한 것이었다. 정치적으로는 전통적인 훈귀 중심 권력에서 한인 관료를 포함한 신진 세력으로 대체한 것이고, 개인적으로는 조모 풍 태후의 치마폭에서 벗어나 자신의 권력을 공고히 한 것이었다.

그러나 역사는 효문제를 포함한 탁발씨 황실에 북중국 통일과 호한융합 및 낙양 천도까지만 허용했다. 그다음에는 새로운 에너지가 필요했다. 이제부터 탁발선비 천년 역사는 상승세에서 전환하여 결말에 이르는 단계로 넘어간다. 그것은 아이러니하게도 한화 개혁의 그늘에 버려진 또 다른 탁발선비의 분노에서 잉태되었다. 바로 육진의 난이다.

탁발선비

북방기행 13

육진의 난

무천진 군벌,
탁발씨가 아닌 탁발선비

무천진울 찾아가는 길에 귀리밭이 펼쳐진 초원

초원 농부들

답사 13일 차,

국경절 연휴의 북새통을 뚫고 무천진을 찾아갔다.

후허하오터시 우촨현을 거쳐 311번 도로를 통해 쓰다잉춘 비포장 시골길을 지나, 이윽고 목적지에 다다랐다.

귀리밭이 펼쳐진 황량한 초원에서 제왕의 흔적을 찾으려 했다.

중국에서는 북위 왕조가 짊어진 시대적 책무, 곧 호한융합 체제로의 일원화 정책을 흔히 한화 개혁이라 부른다. 풍 태후와 효문제가 전력을 기울였던 개혁 정책이다. 그것은 자기 살을 도려내고 그 자리에 다른 사람의 살을 이식하는 격이다. 이는 국가 경영 경험이 일천한 유목 민족이 중원 국가의 통치자로 변신하려면 불가피하게 거쳐야 할 과정이며, '국가 만들기(State Building)' 과정이기도 했다. 대담한 변신인 만큼 북위를 이끌어 온 기존 유목 세력의 반발은 불가피했다. 특히 효문제는 당대에 책무를 완성하지 못했고, 사후에는 유목 세력의 반발로 북위 왕조 자체가 통째로 흔들리기 시작했다.

역사는 한 왕조에 모든 역할을 부여하지 않는다. 어떤 면에서 북위 왕조는 역사가 부여한 자기 소명을 완수한 것이다. 그 결과 고환(高歡)과 우문태(宇文泰)라는 두 실력자가 부상하여 탁발씨 황제를 흔들다가 급기야 534년에 동위(東魏)와 서위(西魏)로 나라가 분열되었다. 탁발씨 종실은 복원력을 상실한 채 침몰했다. 결국 동위는 고환의 아들이 황제가 되어 북제(北齊)가 되었다. 서위 역시 우문태의 아들에게 황위를 넘겨 북주(北周)가 되었다. 이로써 탁발씨는 북위의 종실로서 마침표를 찍어야 했다.

효문제의 한화 개혁은 왜 탁발씨 종실의 치세에서 호한의 융합과 공존이라는 대업의 결말을 이루지 못하고, 왕조 자체가 멸망하는 결과로 이어졌을까. 역사를 보면 대업을 이룰 것 같던 국가가 상승 기류에서 추락하는 사례가 적지 않았다. 그것은 앞으로 전진만 했을 뿐 좌우를 돌보지 못했고, 위로 솟아오르려 했으나 도약해야 할 땅을 제대로 다지지 않았기 때문이다.

그것은 상층부가 최상층으로 더 올라가지 못했거나, 앞서가는 리더십이 더 나아가지 못해서가 아니다. 추락의 원인은 그 반대편에 있다. 상층부가 아니라 최하층이 무너졌기 때문에 국가가 붕괴된 것이다. 권력층의 리더십과 뒤따르는 백성과의 연결이 단절되었기 때문에 체제가 무너지는 것이다. 층층이 쌓인 벽이 무너지는 것은 가장 하층부의 벽돌이 부서졌기 때문이다. 그 결과 가장 위에 있던 화려한 벽돌들은 땅바닥으로 곤두박질친다.

효문제의 국가 경영은 내용적으로 귀족화였고, 방향으로는 남조 정벌 지향이었다. 황제가 국력을 결집하여 강력하게 추진한 개혁 조치의 결과는 탁발씨 왕조의 멸망이었다. 그것은 북위의 탁발선비 귀족이나 한인 사족들이 고매한 교양과 품격을 갖춘 귀족이 되지 못했거나, 북위가 남조의 진(陳)에 군사적으로 크게 패했기 때문이 아니다. 실패 요인은 국가 전략의 전면이 아니라 후면에 있었으니, 귀족화의 대척점에 있던 천민화된 최하층을 방기했기 때문이고, 대남 전략의 반대편에 있는 북방 변경 지역을 방치했기 때문이었다. 이런 잠재된 리스크가 응축되어 터진 것이 육진의 난이고, 그 결과는 왕조로서의 북위가 멸망한 것이었다.

육진(六鎭)은 옥야(沃野, 현 네이멍구자치구 우위안五原 동북), 회삭(懷朔, 구양固阳 서남), 무천(武川, 우촨武川 서쪽), 무명(抚冥, 쓰쯔왕기四子王旗 동남), 유현(柔玄, 싱허兴和 서북), 회황(懷荒, 현 허베이성 장베이张北) 등에 있던 6개의 진이다. 육진은 북위 3대 황제 태무제가 424~449년까지 모두 13회나 출정하여 북방의 또 다른 유목민 유연(柔然)을 격파한 다음, 북방 방어선을 구축하고자 설치한 특수한 군사 행정 구역이다. 현재의 진(镇)과는 전혀 다르다.

진(鎭)은 북위 건국 초기부터 조성된 것으로, 정벌에서 획득한 적국의 요지에 설치한 군정 조직이다. 진 아래의 군영 각지에는 하부 조직으로 수(戍)를 설치했다. 진장(鎭長)은 진과 수를 통할하는 임무를 맡는다. 주와 수는 일정 기간이 지나면 자사가 통할하는 민정 행정 조직인 주군(州郡)으로 바뀌기도 한다. 진이라는 명칭이 문자로는 작은 것처럼 보이지만, 그것은 주에 상응하는 광역 행정 단위다.

북위의 무력은 수도 평성 인근에 배치된 근위 군단과 육진과 같은 변경에 배치된 부대 그리고 지방군이 주축을 이루고 있었다. 근위 군단의 병사는 우림(羽林), 호분(虎賁) 등으로 불린다. 이들 근위군과 육진의 군대는 북위의 제실 일족 내지 탁발선비 귀족 등이 장군이 되어 통솔했다. 병졸 역시 호와 한 양가(良家)의 자제들이었다. 북족(北族) 출신은 교양이 낮고 대부분 문맹이며 셈도 제대로 못하지만, 충성심이 강하고 전투력도 강력했다. 북위의 건국과 북중국 통일을 구현한 힘의 실체로서 자부심도 대단했고, 관리 임용 면에서 중앙 관직을 부여받을 수 있는 특혜의 대상이었다.

그러나 북위가 북중국 통일 이후 중원의 제국으로 업그레이드하면서 교양과 학식을 중시하고 성족상정(姓族詳定), 곧 출신 가문에 따라 관직 등급이 정해지는 귀족제 사회로 이행되면서 북족 가문들의 불만은 커질 수밖에 없었다.

수도를 평성에서 낙양으로 옮긴 것이 결정적이었다. 북방에 중심을 두고 남쪽의 중원을 다스리는 국가 전략이, 중원으로 이동하여 남조를 정벌하는 것으로 바뀐 것이다. 이로써 북방 변경에 잔류한 육진의 군사와 진민(鎭民)들은 건국 공신이란 위치에서 평가절하당하기 시작했다. 관리 임용의 특혜가 사라지고 물자 공급까지 열악해졌다. 성족상정 이후에 한족(漢族) 군사들은 군적에서 빠져 사대부 생활로 돌아가 관직으로 나아갈 수 있었다. 이렇게 줄어든 병졸을 채우려고 죄수나 천민들이 육진에 편입되기 시작하고, 명예심으로 무장된 육진 소속 군사들이 유형자와 같은 부류로 간주되면서 천민과 같이 취급되었다.

육진 초기에는 북위의 황족이나 귀족 등이 진장으로 부임했지만,

천도한 이후에는 용렬한 인물들이 임명되었다. 이들은 축재에만 몰두하여 중앙에서 좌천된 관리들과 결탁하면서 뇌물이 횡행했다. 진장과 진민, 진병의 관계는 수탈과 예속으로 변질되었다. 벼슬길은 차단되고 진민이나 진병이란 이유로 혼사가 막히기까지 했다. 수도에 거주하면서 귀족으로 변신하여 화려하게 사는 동족과의 격차가 도저히 참을 수 없는 지경에 이른 것이다.

지식인 한인 관료들이 요직을 차지하는 것도 이들의 화를 돋우었다. 519년, 한인 관료 장중우가 주요 관직에 무인을 배제토록 건의한 것이 알려지자 근위군의 불만이 폭발했다. 이들이 몰려가서 장중우의 집을 불태워 버렸다. 이를 '우림의 변'이라고 한다. 이 사건을 계기로 정년격(停年格)이란 제도를 통해 퇴직한 근위군을 중앙 관직에 임용함으로써 근위군의 불만을 일단 누그러뜨렸다. 그러나 변방 육진의 처지는 더욱 나락으로 떨어져 갔다. 이런 불만이 누적되었다가 폭발한 것이 육진의 난이다.

육진의 난에 따른 여파는 몇 단계를 거쳐 전국으로 전개되었다. 한곳에서 시작된 반란이 육진 전체로 번져 갔던 것이다. 523년, 옥야진에서 파육한발릉(破六汗拔陵)이란 진민이 진장을 죽이고 북위 왕조 타도를 주장하며 반란을 일으켰다. 반란은 육진 전체로 들불처럼 번졌다. 이들은 북위 중앙정부가 육진으로 방어하려 했던 유연, 즉 가상 적국의 군대를 자국 영토 안에 구원병으로 끌어들인 다음에야 겨우 진압할 수 있었다. 그러나 이것은 시작에 불과했다.

두 번째 단계는 육진 진민의 반란이 전국적인 성민(城民)의 반란으로 번져 간 것이다. 북위 왕조는 진압된 반란군 20여만 명을 허베이 지역으로 분산시켰으나 이들은 또다시 두락주와 갈영 등 육진 출신 인물들의 지휘하에 반란을 일으키며 점차 남하했다. 처음에는 육진만의 반란이었으나, 진이 아닌 주(州)의 군적에 편입되어 있던 성민들이 반란에 가담한 것이다.

세 번째 단계는 영민추장(領民酋長) 이주영(爾朱榮)이 세력을 키워 진민과 성민 전체를 아우른 다음 북위를 사실상 멸망시킨 것이다. 북위는 건국 초기 탁발선비에 대해 전통적 부락을 해산한 후 국가가 부중을 직접 지배했지만, 탁발선비 이외의 북인 부족에 대해서는 영민추장이 세습하여 부락민을 통할하도록 허용했다. 영민추장 중 계호족(稽胡族)의 이주영은 8천 호 이상의 부락민을 거느린 상당한 세력가였다. 이주영은 주변의 여러 군에서 능력 있는 무장들을 끌어들여 급속하게 성장했다.

이주영 휘하에는 회삭진 출신의 고환(高歡)도 있었다. 고환은 훗날 동위의 실권자가 되고, 자신의 아들이 동위를 멸망시키면서 북제를 세웠다. 훗날 서위를 장악한 무천진 출신의 우문태(宇文泰)도 있었다. 우문태의 아들 역시 아버지가 실권을 장악했던 서위를 멸망시키고 북주라는 왕조를 세웠다. 우문태 측에는 같은 무천진 출신의 독고신(獨孤新) 조귀(趙貴)와 하란(賀蘭)씨와 울지(尉遲)씨도 있었다.

육진의 난이 전국으로 번져 갈 때 북위 궁정에서는 오히려 자기들끼리의 내분이 격렬했다. 게다가 궁정 내분에 영민추장을 끌어들였다. 528년, 호 태후의 세력과 정쟁을 벌이던 효명제(효문제의 손자, 재위 515~528)는 이주영을 낙양으로 불러들여 호 태후 세력을 제압하려 했다. 이주영이 낙양으로 진군하는 동안 호 태후 일당은 효명제를 암살했다. 낙양에 당도한 이주영은 효명제 피살을 핑계 삼아 북위 조정에 직접 간섭하기 시작했다. 그리하여 정국에 분란을 일으켰다는 이유로 호 태후와 그의 세력 및 벼슬아치 등 2천여 명을 낙양 근처의 하음에서 학살하는 끔찍한 사건을 벌였다. 이 순간 북위는 사망선고를 받은 것과 다를 바가 없었다.

네 번째 단계는 북위가 동위와 서위로 분열한 것이다. 이주영은 제위를 탐했으나 530년 입궐했다가 북위 황제에게 살해당하고 말았다. 이주영이 죽자 그의 조카가 군대를 이끌고 낙양을 공격했으나 이주씨의 횡포에 불만을 품은 북진 계통의 군대가 고환을 중심으로 단결하여 이주씨의 잔존 세력을 토벌했다. 이주씨 세력을 섬멸한 고환은 낙양으로 돌아와 새로운 황제를 세웠으니 바로 효무제(재위 532~534)다. 이제 북위 황제는 고환의 허수아비에 지나지 않았다.

고환은 태원에 막부를 열어 낙양의 북위 조정을 좌지우지했다. 효무제는 고환의 권력을 꺼려다가 실패하고, 반란 진압을 위해 관중에 주둔하고 있던 우문태에게 도망갔으니 이것이 534년의 일이다. 고환은 효무제가 도주하자 효정제를 새로 옹립하고 우문태와 효무제 세력과 거리를 두고자 수도를 낙양에서 허베이의 업(鄴)으로 옮겼다. 명목상으로 탁발씨 두 황제가 병립하는 동서 대결의 형국이 되었다. 이를 각각 동위, 서위라 한다. 육진의 난이 가져온 결말은 결국 분열과 파국을 이었다.

육진의 난은 북위의 멸망과 동위, 서위로의 분열을 초래한 것과는 별도로 또 다른 역사의 씨앗을 잉태했다. 그것은 육진의 하나인 무천진 출신 무장들이 우문태를 중심으로 결집한 무천진 군벌이다. 무천진 군벌은 관롱집단의 핵심이었다. 관롱집단은 서위를 멸망시켜 북주를 세웠고, 동쪽의 북제를 제압했으며, 다시 수나라를 열어 남조 진(陳)을 정벌하면서 대륙을 통일하고, 대당제국까지 완성한 핵심 세력이었다.

무천진 군벌의 영수는 우문태였다. 서위의 권력 체제는 우문태를 포함한 6인의 주국(柱國)을 주축으로 한 집단지도 체제였다. 6인의 주국 가운데 당 고조 이연의 조부인 이호도 있었다. 6주국 바로 아래 12인의 대장군이 있었는데, 그중 한 명이 수나라 문제 양견의 아버지 양충이었다. 그러니 무천진 군벌에서 북주, 수, 당 3개의 왕조가 나왔던 것이다. 무천진은 변방의 천민화된 군진이었으나 역사로 보면 천기가 모였다가 집중적으로 제왕들을 쏟아 냈다고나 할까.

답사 13일 차, 우리는 무천진, 지금의 후허하오터시 우촨현(武川縣)을 찾아갔다. 소지한 자료에는 무천진의 위치가 서로 다른 두 지역에 있었다. 하나는 일본 학자의 논문에서 본 무천진 발굴 지점 좌표를 바탕으로 찾아낸 우촨현 쥐바오좡촌(巨宝庄村)이다. 다른 하나는 우촨현 약간 북쪽의 다마오연합기(达茂联合旗)의 시라무런진(希拉穆仁镇)이다. 문물 지도와 인터넷 지도 그리고 내비게이션을 이용해 찾아갔다.

　이날은 마침 중국 국경절 연휴 둘째 날이었다. 후허하오터 시내에서 우촨현으로 나가는 도로는 아침부터 북새통이었다. 고속도로 입구의 정체는 교통경찰이 아무리 뛰어다녀도 어쩔 수 없었다. 그래도 맑은 가을날 소풍 가는 사람들처럼 들뜬 마음이었다. 북쪽 하늘 아래 높은 산이 동서로 병풍처럼 가로막은 인산 산맥을 바라보았다. 산등성이에 올라서자 교통체증은 해소되어 시원하게 산길을 오르면서 인산을 음미했다.

　우촨현에 들어서자 '북위중진무천(北魏重鎮武川)'이라는 큼지막한 표지석이 외지인을 맞아 주었다. 우촨현 중심지를 통과한 다음 311번 도로를 타고 서쪽으로 돌았다. 쓰다잉촌부터는 비포장 시골길로 들어섰다. 이런 길로 6km를 동북 방향으로 더 들어갔다. 창밖에는 귀리밭이 펼쳐져 있었다. 농경지로 바뀐 초원이다. 일부는 추수가 끝났고, 일부는 수확을 기다리고 있었다. 귀리 밭에서 일하던 농부는 일

동서로 병풍처럼 서 있는 인산

우찬현 풍경

손을 멈추고 우리를 유심히 쳐다보기도 했다.

힘겹게 쥐바오촹촌에 도착한 우리는 무천진의 흔적이 반경 $500m$ 안에는 있으리라고 생각했다. 마을 한쪽에서는 중년 남녀들이 추수한 귀리 알곡을 말리려고 공터에 펼치고 있었다. 다가가 인사를 건네고, 이내 무천진 유지에 대해 물었다. 농부의 선한 웃음이 정겨웠다. 그러나 그동안의 답사에서 겪어온 것처럼 현지 농부의 응답은 대부분 '메이유(沒有, 없다)'와 '부즈다오(不知道, 모른다)'였다. 우리는 마을을 한 바퀴 돌아봤지만 별다른 것을 찾아내지는 못했다. 표지석이라도 설치했으면 현지인들이 모를 리 없다. 아쉽지만 돌아섰다.

이번에는 시라무런진으로 갔다. 시라무런진은 후허하오터에서 가장 가까운 초원의 유원지였다. 도로도 시원하게 포장되어 있고, 마을 입구에는 관광객과 호객꾼들이 북적였다. 여행 안내소에서 무천진 유지를 물었더니 가까운 사원에 가 보라는 말만 들을 수 있었다. 마을 안으로 들어가니 사원이 있었다. 매표소의 중년 사내에게 무천진 유지에 대해 물었더니 '마을을 벗어나면 바로 그곳'이라고 했다. 시골 사람들이 말하는 '그곳'이란 대단히 모호하다는 것을 여러 번 겪은 우리는 '그곳'까지 직접 안내해 달라고 부탁했다. 근무자에게 사적인 일을 부탁했으니 사례하겠다는 약조가 먹혀들었는지 우리를 따라 나섰다.

마을을 빠져나가 $2km$ 정도 가더니 저기라고 어딘가를 가리켰다. 몇 채의 흙집과 군데군데 유목민의 게르가 보였다. 말 타는 사람들도 보였으나 그것은 관광객이었다. 주변을 살펴가며 찾아가는데 박한제 선생의 발걸음이 빨라졌다. 역사의 흔적은 역사학자에게 먼저 신호를 보내거나 그 방면의 감각을 따로 부여하고 있는 게 분명했다. 잰걸음으로 30여 미터를 다가서서 흰 대리석 표지를 살피더니 우리를 향해 손을 흔들었다.

"드디어 찾았네요!"

흰 대리석에 '시라무런 청쿠퉤·고성(希拉穆仁 城圐圙 古城)'이라고 표기되어 있었다. '청쿠퉤'는 우리 독음으로는 '성고략'이다. 쿠퉤는 몽골어로 마을이란 뜻이니, '성이 있는 마을'이다. 표지석 뒷면의 기록이 몇 가지를 더 알려 주고 있었다.

성은 한 변이 450m인 정방형이고, 성벽에는 밖을 향해 마면이 설치돼 있다. 성벽의 네 귀퉁이에는 돈대가 있다. 성은 서남과 동북 두 구역으로 나뉘어 있는데 북위의 무천진이 있던 곳이고 이후 금나라, 원나라 시대까지 사용되었다. 성벽 500m까지는 문물보호구역이다.

이 고성만을 놓고 보면 아무것도 보이지 않는 초원이다. 표지석에 고성이 있었다고 하니 비로소 그 흔적이 고성으로 보일 뿐이다. 역사의 흔적 가운데는 이렇게 황량한 것도 적지 않다. 이곳에서 북주, 수, 당 세 왕조가 출현했고, 대당제국에서 호한체제를 완성하여 인류사에 큰 족적을 남겼다니⋯⋯.

希拉穆仁城圐圙古城

흰 대리석으로 만들어진 청쿠뤠 고성 표지석

현재 이곳은 중국 관광객들이 사륜 오토바이를 몰거나 말 타는 곳
으로 바뀌어 있었다. 파란 하늘엔 흰 구름이 몽글거리고, 고성 옆 허
물어진 민가의 철조망에는 참새 떼가 추수 시즌을 즐기고 있었다.
역사는 때때로 허망한 잔상의 연속이기도 하다.

북방기행 14

태원기병 (1)

대당으로 가는
마지막 고갯길

진사 입구의 이세민과 다섯 군신 청동상

제국으로의 마지막 답사 여정은 이연, 이세민 부자가

태원에서 거병해 장안으로 입성한 길을 따르기로 했다.

타이위안의 진사에서 시작해 진양고성, 훠저우, 장저우, 푸저우, 다리현을 거쳐

셴양에 도달하는 여정이다.

서위의 실권자 우문태는 동위와의 대결을 위해 무천진 군벌 중심의 관롱집단을 창설했다. 하지만 이 군벌은 우문태 사후 그 아들을 황제에 옹립하고 북주(北周, 557~581)를 창건했다. 이로써 탁발씨 종실의 북위는 무천진 군벌 우문씨 종실의 북주로 전환됐다.

관롱집단의 핵심인 무천진 군벌이 서위-북주-수를 거쳐 대당제국을 이루는 과정은 특정 성씨의 왕위 계승이 아니라 '어떤 정신'의 계승이었다고 할 수 있다. 북주의 우문씨에서 수의 양(楊)씨로, 다시 이연, 이세민 부자의 이(李)씨에 이르기까지 종실 성씨는 바뀌지만, 그 특유의 정신은 이어져 온 것이다. 물론 이들 성씨의 교체에는 나름대로의 갈등과 고통이 수반됐다.

이제 무천진 군벌이 대당제국으로 이어지는 북주 24년과 수나라 49년의 역사를 좇아가 보자.

우문태는 무천진 군벌을 중핵으로 한 부병제(府兵制)를 통해 서위의 군사력을 강대하게 키웠다. 또한 20여 년 동안 혼신의 힘으로 대업의 기틀을 다졌다. 그의 아들은 탁발씨로부터 제위를 넘겨받아 북주를 세웠다. 이때 동위는 서위와 비슷한 과정을 거쳐 고환의 아들 고양(高洋)이 황위에 올라 북제(550~577)를 세웠다. 북주는 부병제를 바탕으로 동서 대결에서 승리하여 북제를 멸망시켰다. 그러나 북주의 무제는 북중국을 재통일한 이후 북제의 잔당을 추격하던 중 병사하고 말았다.

북주의 무제를 이은 선제(宣帝) 우문윤(宇文贇)은 부친에게 엄한 교육을 받았으나 대업을 잇기에는 부족했다. 그의 앞에는 북제 정벌 이후 정국 안정을 위한 과제가 산적해 있었다. 그러나 우문윤은 선황제의 그늘에서 해방된 자유를 만끽하기에 정신이 없었다. 주지육림은 물론, 공신들을 이유 없이 제거하고 정사를 외면했다. 즉위 이듬해에는 태자 우문연(宇文衍)에게 제위를 선양하고, 스스로 천원황제(天元皇帝)라 칭했다. 스스로를 상제(上帝)에 빗대어 신하들에게 천(天), 고(高), 상(上), 대(大) 네 글자의 사용을 금하는 허망한 짓까지 벌였다. 경륜이 부족한 천원황제는 네 글자에 합당한 업적을 세우려 전력투구했지만, 뜻대로 이루어지지 않자 심한 불안감에 빠졌다.

광기에 빠진 천원이 580년 22세의 나이로 죽자, 조정 관리들은 그 아들을 정제(靜帝)로 옹립하고 천원의 장인이자 정제의 외조부인 양견(楊堅)을 추대하여 섭정하게 했다. 그러나 양견마저 무기력한 황실 앞에서는 충신이 되지 않았다. 양견은 외손자인 정제에게 선양을 강요하여 580년 북주를 폐하고 수나라(581~618)를 건국했다.

수 문제 양견은 중국 왕조사상 가장 쉽게 제위를 탈취한 것으로 유명하다. 쉽게 탈취해서 그랬는지 북주 황실 우문씨를 모두 잔인하게 제거했다. 그러나 수 문제는 당대 업적이나 후대 평가에서 위상이 달랐다. 사서에 따르면 황위 24년간 근면 검소했으며, 세수를 줄여 백성들의 부담을 줄였다. 또한 조정 관리들은 맡은 직분에 만족하며 기뻐했다고 하니, 그를 결코 과소평가할 수 없을 것이다.

제위에 오른 수 문제는 국력 신장에 매진하여 즉위 9년 후인 589년 창강 지역에 궁색하게 남아 있던 남조 최후의 왕조 진(陳)을 정벌했다. 이로써 316년 서진이 멸망하고 남북으로 갈라진 지 273년 만에 중원 대륙은 수 문제에 의해 하나의 왕조로 통일됐다. 수나라는 전국 시대를 제패한 진한(秦漢) 제국과 다르고, 위, 촉, 오 삼국을 통일한 진(晉)나라와 전혀 다른, 호한융합을 기반으로 이룩한 통일 왕조였다. 중원의 문명에 북방의 새로운 피와 호방한 기운을 합한 거대한 통일 제국이었다.

수 문제는 관리 등용을 위한 과거제도를 도입했다. 출신 가문에 따라 인재를 등용했던 방식을 개인 능력 중심의 등용 방식으로 개혁했다. 중원의 지식 계급을 폭넓게 수용하는 시스템을 구축한 것이다. 경제 중심의 강남과 정치 중심의 북방을 연결하는 대운하를 개착하여 통일 제국의 기틀까지 만들었다.

이제 잠시 눈을 돌려, 중원 문명의 본령이 옮겨 간 동진 이후의 남조가 어쩌다가 수나라에 멸망을 당했는지 돌아보지 않을 수 없다.

한나라를 이어받은 진(晉)나라는 팔왕의 난으로 자멸의 늪에서 허둥대다가 유연을 주축으로 한 흉노 세력에 유린당하자 창강 이남으로 옮겨 가 동진을 세웠다. 이것이 317년의 일이다. 동진은 강남을 개발하고 호족(豪族)과 연합하면서 귀족 사회를 구축했다. 귀족 사회의 힘은 부견의 전진과 벌인 비수의 전투에서 승리하면서 나름대로 그 가능성을 보여 주기도 했다.

귀족제는 겉으로는 화려한 문화를 꽃피우는 듯했지만, 신분 고착이라는 울타리 속에 갇히면서 사회 체제 전반이 건강성과 활기를 잃었다. 호한의 민족 대융합이란 과업을 수용하고 끌어가는 추동력을 발휘하지 못한 것이다. 동진에 이어 송, 제, 양(梁), 진(陳)의 천박한 한문(寒門) 군사 정권이 계속됐다. 양나라가 한때 남조의 황금시대를 구가하기도 했으나 겉으로 보이는 화려한 귀족 문화 속에서 생기 없는 퇴행의 시대가 이어졌다. 그 결과 북방의 진취적 기상으로 결집된 수나라에게 남조가 정벌된 것은 당연한 귀결이라 할 것이다.

수 문제는 대륙의 통일이라는 위대한 업적을 이루었다. 2급 귀족 출신 수 문제는 근면 검소하면서도 시대적 책무에 충실했다. 그러나 북주 무제와 마찬가지로 그의 황위 승계자인 양제(煬帝) 양광(楊廣)

은 아버지에 미치지 못했다. 양광은 604년 병상의 아버지 문제와 친형까지 죽인 후 제위에 올랐다. 수 양제는 양견의 둘째 아들이다. 장자인 친형이 독고 황후의 미움을 받아 폐태자가 되는 기회를 편승해 운 좋게 책봉된 태자였다. 제위에는 올랐으나 유목 민족의 계승 관념이 그의 행동을 제약했다. 그는 스스로 유목민의 군장에 어울리는 업적을 이뤄야 한다는 강박관념에 사로잡혀 있었다. 자신의 능력을 증명하고자 양제가 꺼낸 카드는 중원 통일 후에도 동북방에 남아 있는 고구려를 정벌하는 것이었다.

수 양제는 고구려 정벌을 위해 대규모 병력을 동원하고 방대한 양의 군수물자를 수송하고자 항저우에서 베이징까지 대운하를 건설했다. 더불어 낙양에 제2의 수도[東都]를 짓는 등 대역사까지 착수했다. 공사 기간 6년간 수백만 명이 노역으로 동원되었고, 사망하거나 도주한 자가 수십만 명에 달하면서 수나라의 사회 경제를 궁지로 몰아넣었다. 게다가 고구려 정벌까지 실패했다. 결과는 참담했다. 황하 북쪽에서는 천 리 내에 밥 짓는 연기를 볼 수 없었고, 강회지간(江淮之間)에서는 풀을 뜯어 연명해야 했다. 백성들은 곤궁에 빠졌고 추위와 굶주림을 이겨 낼 수 없었다. 살아남은 농민들은 도적떼로 전락했다. 전국 각지에 황사 바람처럼 농민 반란이 기세를 떨쳤다. 역사에서는 이 시기를 민변사기(民變四起)로 서술하고 있다.

농민 반란이 들끓던 615년, 수 양제 양광은 이연(훗날 당 고조)을 산서 하동위무대사로 임명하고, 곧이어 태원유수로 발령했다. 북방 유목민 돌궐의 남하를 저지하고 산서 지방의 농민 반란을 진압하라는 것이었다. 당시 수나라 정권은 이미 와해 상태에 빠졌고, 통치 계급 내부에서는 무천진 군벌들이 수나라 황실을 외면하면서 다시 분열이 일어나고 있었다.

이연에겐 야욕이 있었다. 태원으로 부임한 이후 수나라의 패망을 예견한 그는 정권을 장악할 생각을 키우기 시작했다. 616년에 이르러 농민 반란군은 이미 전국적으로 수나라 군사들보다 우세해졌다. 수나라는 무장 집단의 저항을 제어하지 못하는 단계에 이르렀다.

617년 5월, 기회가 왔다고 본 이연은 진양(晉陽, 현 타이위안太原)에서 쿠데타를 선포했다. 이것을 역사에서는 '태원기병' 또는 '진양기병'이라고 한다. 장안을 향해 7월에 출병하여 10월에 장안 외곽에 도달했다. 11월에는 수나라의 수도 장안을 점령했다.

이연은 강도(江都, 현 양저우揚州)에 머무르고 있던 수 양제를 명목상의 태상황으로 올린 후 새 황제로 양유를 옹립하고, 자신은 대승상 당왕(唐王)이 되었다. 왕조 교체를 위한 정치적 수순이었다. 이연은 섭정을 시작한 이듬해인 618년 3월 수 양제가 강도에서 피살되자 5월에 수 공제 양유를 폐출하고 당 왕조를 세워 황제에 즉위했다. 이로써 수 왕조는 대륙을 통일하여 당 고조 이연에게 넘기고 역사의 뒷장으로 사라졌다.

우리는 '제국으로 가는 긴 여정'의 마지막을 태원기병으로 정했다. 태원기병은 탁발씨 종실을 대체한 무천진 군벌 출신의 이연, 이세민 부자가 태원에서 거병하여 장안에 입성한 후 수 왕조를 멸하고 대당 제국을 세운 여정이다. 당나라로서는 태동의 과정이지만, 알선동에서 시작한 탁발선비 천년 역사로 보면 장안에 입성하여 대당제국을 세우는 마지막 고개를 넘는 길이다.

　태원기병은 《대당창업기거주(大唐創業起居注)》라는 사료에 상세하게 담겨 있다. 기거주란 황제의 언행을 일기처럼 기록한 것이다. 《대당창업기거주》는 이연의 대장군 군부 기실참군(記室參軍)으로서 기록을 담당했던 온대아(溫大雅)가 태원에서 거병하여 이듬해 당 왕조를 세운 이연의 357일간의 일정들을 시간, 날짜별로 기술한 것이다.

　상권에는 태원 거병부터 장안 출진까지의 48일, 중권엔 장안 입성까지의 126일이 담겨 있고, 하권에는 장안 입성부터 당 고조 즉위까지 183일간의 일정이 상세히 기록되어 있다. 아울러 기거주에는 태원기병의 진격 노선과 그 과정까지 묘사되어 있다. 이연의 당군(唐軍)이 태원에서 기병하여 분주-영석-곽읍-진주-강주-용문을 거쳐 포주에서 황하를 건넌 후 동주를 지나 장안에 이른 과정, 장안 입성 후 대승상에 올라 공제(恭帝)를 섭정하고 제위를 선양받아 당 고조로 즉위하는 내력까지 자세히 묘사됐음이 놀라울 따름이다.

답사팀도 같은 여정으로 이어갔다. 답사 19일 차에 타이위안의 진사(晉祠)에서 대당제국 창업공신들과 당 태종 이세민의 위풍당당한 동상을 보고, 연이어 진양고성, 훠저우(당시 곽읍霍邑), 장저우(당시 강주絳州), 푸저우(당시 포주蒲州), 다리현(당시 동주同州)을 거쳐 25일 차 셴양(咸阳)에 도달하는 여정이다. 셴양에서 한 무제의 무릉과 당 고종 이치의 건릉을 둘러보고, 26일 차에는 시안(당시 장안)에 도착하여 실크로드의 시발점인 서시(西市)에서 대당제국이 꽃피운 영화를 음미하면서 답사의 장정을 마치기로 했다.

산시성 타이위안에서 대당제국을 개창한 당 태종 이세민을 만났다. 타이위안 서남부 외곽에 있는 진사(晉祠) 입구다. 진사는 서주 시대 진국(晉國)의 첫 번째 제후로 봉해진 당숙우(唐叔虞)를 기념하려고 건립한 사당으로, 이 지역의 명소다. 현재 큰 공원으로 조성돼 있는데, 입구 가까이에 용흥진양(龍興晉陽)이란 이름으로 이세민과 다섯 군신의 청동상이 웅장하게 서 있다. 당 태종 이세민이 중앙에 말을 타고 있고, 이적(李勣)과 장손무기(長孫無忌)는 좌우로 마상에 앉아 있다. 앞줄에는 힘이 넘치는 울지공(尉遲恭)이 우락부락한 인상으로 우뚝 서 있으며, 오른쪽에는 위징(魏徵)과 마주(馬周)가 견고한 눈매로 전방을 주시하고 있다. 이 청동 군상은 타이위안 건성 2,500주년 기념으로 2003년에 세운 것이다. 이곳이 바로 대당제국의 탄생지이며, 당 태종 이세민을 대당제국의 핵심 인물로 간주하는 중국인의 전통적 역사인식을 그대로 보여 주는 물증이라 하겠다.

대당제국은 이연이 개국했지만, 중국인은 이세민을 제국을 세우고 흥성하게 한 주역으로 여기는 것 같다. 중국 역사에서는 이세민 시대를 '정관의 치(貞觀之治)'라 부르며, 이세민을 대당제국뿐 아니라 중국 역사를 통틀어 최고의 영명한 군주로 추앙한다. 그러다 보니 부친 이연조차 이세민을 위한 조연으로 등장하기 일쑤다. 심지어 이연이 결단을 주저하자 이세민이 술에 취한 부친의 침소에 수 양제의 궁녀를 들이고, 이튿날 황제의 여인을 탐한 일을 빌미 삼아 가문이 살아갈 방도를 찾아야 한다며 거병을 강요했다는 이야기까지 전하고 있다.

그러나 이런 부류의 이야기들은 이세민에 대한 과장된 찬가로 보인다. 《대당창업기거주》는 태원기병이 이연의 주도하에 자식들과 수하 장군 및 참모들이 총동원된 것이며, 이세민이 독보적인 중심 인물이 아니었음을 보여 준다. 다만 이세민 자신이 건국 과정에 크게 기여했고, 제위에 오른 후 수 양제가 실패한 고구려 정벌을 달성했으며, 황제와 신하 간 의사소통의 조화 속에서 모범적인 군신 관계를 이뤘기에 후대의 귀감이 되었다. 그 위에 당조가 200년 이상 유지됨으로써 후대의 의례적인 찬사까지 중첩되다 보니 최고의 명군으로 형상화된 것이 아닐까.

이세민과 다섯 명의 군신들(왼쪽 위부터 시계 방향으로 이세민, 울지공, 마주, 장손무기, 이적, 위징)

중원의 윤리 관념이나 개인사로 볼 때 중국 최고의 명군으로 손꼽히는 당 태종 이세민이나 최악의 황제로 꼽히는 수 양제 양광은 큰 차이가 없어 보인다. 수 양제는 와병 중인 부친 수 문제를 죽이고 제위에 올랐고, 이세민은 부친 당 고조를 겁박하여 제위에 올랐다. 권력을 두고 부자지간이 살벌한 긴장 관계였기는 마찬가지였다. 뿐만 아니라 수 양제는 이미 폐태자 신세였던 친형 양용을 살해했고, 당 태종 이세민은 제위에 오를 목적으로 현무의 변을 일으켜 정식 태자인 형 이건성과 동생 이원길까지 살해했다. 제위에 오른 수 양제가 부친의 여인을 취한 것이나 당 태종이 동생의 아내를 취한 것 역시 대동소이하다.

그러나 거대한 수레바퀴가 거칠게 굴러가는 역사에서 시대적 책무와 업적이 중요한 평가의 척도다. 수 양제나 당 태종은 제위 강탈이라는 취약점을 덮고자 자신의 능력을 증명해야 했다. 그리고 그 때문에 선택한 고구려 정벌에서 수 양제는 실패했고 당 태종은 성공했다. 수 양제는 화려한 유락에 몰두하여 백성들의 고혈을 착취했고, 군신 관계를 파탄 냈다. 그러나 당 태종은 군신 간의 의사소통뿐 아니라 정무에 임하는 태도에서도 후대의 모범이 되었으니 그 평가가 극과 극으로 달라진 것은 당연한 결과다.

진사에서 이세민과 건국 공신들의 청동 군상을 보니 비로소 태원기병의 출전지에 왔음을 실감했다. 이튿날 당군 진격노선을 따라 출발하기에 앞서 중국 산시성의 전통 요리를 맛보기로 하고 타이위안

시내로 돌아왔다. 타이위안에서 이름난 진양회관(晋阳会馆)을 찾아 산 시성의 대표적인 전통 백주인 분주(汾酒)를 곁들였다. 금강산도 식후 경이요, 역사도 식후행이 아니겠는가. ◗

북방기행 15

태원기병 (2)

난병지하 선악불분의
참상이여

山西省重点文物保护单位

晉陽古城遺址

山西省人民委員会
一九六二年九月二十四日公布
太原市人民委員会立

진양고성 표지석

답사 20일 차,
타이위안 숙소를 출발해 진양고성이 있는 타이위안시 진위안구 구청잉촌으로 향했다.
펀양, 링스를 거쳐 훠저우에서 곽주유지를 둘러보고,
이튿날에는 신장현으로 발길을 돌려 강주대당을 본 뒤
산시성에서 포주고성을 보았다.

태원기병에서 이연의 당나라 군대[唐軍]가 장안 공략을 위해 출발한 지점은 진양(晉陽)이다. 이곳은 춘추 시대 중후반에 세워진 성읍으로, 전국 시대에는 조나라의 수도였고, 동위에서는 실권자 고환이 막부를 설치했던 곳이다. 고환의 아들 고양(高洋)이 북제 황제로 등극할 때는 수도 업(鄴)의 배도(陪都)였다. 그러나 진양에 업과 같은 비중을 가진 행정부[井省]를 두었으니, 제2의 수도를 넘은 실권의 중심지였다. 당대에 이르러서도 장안, 낙양과 더불어 삼부(三府)의 하나로 정치의 중심지였다.

진양고성 유지는 지금의 타이위안시 진위안구 구청잉촌(太原市 晉源区 古城营村)에 있다. 답사 20일 차에 타이위안 숙소에서 아침 식사 후 바로 진양고성으로 향해 달린 지 30분 만에 도착했다. 구청잉촌은 타이위안 외곽 지역으로, 제대로 개발되지 않은 서민들의 주거지였다. 일단 마을에 들어서서 주변을 돌아보았다. 넓은 광장이 보이고, 광장 중앙 단층 건물에는 구청잉촌 인민위원회가 자리 잡고 있었다. 인민위원회 건물로 들어서니 벽에 걸린 안내판 문구가 눈에 들어왔다.

구청잉촌 인민위원회 건물

唐堯都 趙國邑 文景之治 皆源斯地

당요도 조국읍 문경지치 개원사지

覇府城 晉王宮 貞觀盛世 盡出此村

패부성 진왕궁 정관성세 진출차촌

이 마을은 요나라의 도성이자 조나라의 국읍이며, 전한 시대의 '문
경의 치'가 모두 이 지역에서 기원했으며, 고환의 패부성이자 진왕의
궁인 동시에 당 태종의 '정관의 치'도 이 마을에서 나왔다는 뜻이다.
이 마을의 기원을 당요(唐堯), 즉 요 임금에 둔 것은 한마디로 마을의
유구한 역사를 자랑하는 것이다. 그러나 정관의 치까지 연결시킨 것
은 약간 무리인 것 같다. 그러나 이 안내판은 우리가 찾고자 하는 진
양고성 유지를 안내하는 데 조금도 모자람이 없었다. 그 문구 아래
진양고성 유지 표지석 사진이 보이기에 그 위치를 물었더니 마을 사
람들이 자세히 안내해 주었다. 이들에게 감사를 표하고 함께 사진도
찍었다.

진양고성 유지 표지석은 마을 바깥쪽 20번 고속도로 근처에 있었
다. 현지인의 안내 없이는 찾기 힘든 위치였다. 누런 벽돌에 시멘트
를 발라 만든 표지석은 그나마도 곳곳이 깨져 있었다. 표지석에서
남쪽 방향으로 토성의 흔적이 길게 이어져 있었다.

이곳이 바로 탁발선비 천년 역사의 종착지요, 대당제국으로 들어

가는 마지막 관문을 활짝 연 바로 그곳이다! 비록 지금은 파손된 시멘트 표지석이 고작이지만 거대한 역사의 물줄기에 올라탄 이연, 이세민 부자가 거병하여 수나라 정벌에 나선 곳이다.

태원유수 이연은 이곳에서 주둔하다가 617년 5월 수나라 왕조에 반기를 들어 출병을 선포하고는 7월 10일 장안을 향해 진격하기 시작했다. 이연은 장자 이건성과 차남 이세민을 각각 좌우대도독으로 삼고, 넷째 아들 이원길을 태원유수로 임명하여 진양성을 지키게 했다.

수 문제의 뒤를 이은 수 양제 양광은 운하와 궁성 건설 등 거대한 토목공사와 호사스러운 순행, 고구려 정벌의 실패 속에 몰락하고 있었다. 농민 반란은 전국으로 번져 갔다. 이런 상황에서 이연의 당군은 수 양제에게 최후의 일격을 가했던 것이다. 7월 10일 진양을 출발한 당군은 7월 13일 분주(汾州, 현 펀양汾阳), 7월 19일 영석(靈石, 현 링스콧石)을 거쳐 8월 9일 곽주(霍州, 현 훠저우)에 도달했다. 거침없는 진격이었다. 답사 일행도 같은 여정을 택했다.

우리는 펀양을 거쳐 링스로 가서 산시성 건축 문화의 꽃으로 알려진 왕가대원(王家大院)에 들렀다. 왕가대원은 정승(靜升) 왕씨 일가가 명·청 시대 300여 년에 걸쳐 농업과 상업으로 큰 재부를 쌓아 조성한

왕가대원

대저택이다. 산시성의 대표적인 민가 고건축의 하나이다. 면적만 해도 25만m^2에 이르고, 높은 성벽으로 둘러싸여 마치 거대한 성채처럼 보인다. 바깥 성벽은 높이가 10여m나 되고, 성벽 위로는 병사들이 집단으로 이동할 수 있을 정도이다. 내부는 바둑판처럼 구분하여 대가족을 상하장유 남녀내외(上下長幼 男女內外)로 구별하여 살게 했다. 어찌 보면 가족 단위 주거지이지만 달리 보면 친족으로 만든 군대 조직이요, 혈연의 이름으로 만든 감옥인 것 같은 생각도 들었다.

링스를 거쳐 훠저우에 이르렀다. 훠저우는 지금도 당시 지명을 쓰고 있다. 훠저우 천춘(陈村)에 곽국유지(霍國遺址)가 있다고 해서 찾아갔다. 곽국은 서주 시대 제후국의 하나로, 춘추 시대 말기에 진(晉)에 멸망됐다. 태원에서 장안으로 진격하던 당군은 당시 곽주에서 큰 전투를 벌여 승리했다. 《대당창업기거주》에는 수많은 시체가 쌓인 전장을 둘러본 이연의 탄식이 기록돼 있다.

亂兵之下 善惡不分, 火燒崑山 誰論玉石.
전란 속에서는 선악을 구분할 수 없구나. 곤륜산에 불이 났으니 누가 옥석을 가리겠는가.

이연은 자신과 가족의 운명이 곤궁해지자 수나라에 반기를 들었고 정치적으로 수 양제를 외면한 무천진 군벌의 힘을 모아 거병했다. 그는 반란의 수괴로서 승리 외의 생존 방책을 생각할 수 없었다.

그런 그에게도 승리한 전장조차 참혹하게 보였던 것이다. 전쟁의 이유가 어디에 있든 승패가 갈리면 역사는 승리한 쪽에 당장 축배를 선사한다. 그러나 병졸로 동원된 백성의 참혹한 떼죽음을 보면 과연 무엇을 위한 싸움이었는지 설명할 수 없는 경우가 허다하다. 농사를 짓다가 전장으로 차출된 군졸은 전쟁 명분의 시비를 떠나 지배 권력이 소집을 명하면 동원될 뿐이다. 물러서면 아군 장수에게 즉결 처분을 당할 것이고, 죽지 않고 적진을 돌파해야만 고향에 돌아갈 가능성이 있었을 뿐이다. 이연이 그런 심정이었는지 알 수 없지만, 전쟁상을 대하면 대할수록 그 참담한 역사에 탄식하게 된다. 전쟁은 결국 모순을 해결하기 위한 것이겠지만, 그 와중에 절명한 사람들은 전쟁을 통해 해결하려 한 모순을 알기나 했을까. 그저 역사를 더듬거리는 게 고작인 나는 선뜻 수긍할 수 없는 역사를 두려운 마음으로 관망하기만 할 뿐이다.

우리 일행은 휘저우에서 다시 남쪽으로 이동하여 린펀에서 요묘(堯廟)를 둘러봤다. 요묘는 황하 문명의 발상지를 상징하는 곳이지만, 이번 답사에서는 서진이 멸망한 현장의 시각으로 접근했던 곳이다.

이튿날 린펀시에서 140km 떨어진 후커우(壺口) 폭포를 찾았다. 황하는 섬북 고원과 뤼량 산맥 사이를 북남으로 흐르다가 황하의 물줄기가 통째로 수십 미터의 암벽 아래로 낙하하는 거대한 폭포를 이룬다. 이것이 후커우 폭포다. 그 모양이 황하의 강물이 마치 항아리 주둥아리로 빨려 들어가는 것 같다 해서 '후커우'라고 명명되었다. 하절기엔 엄청난 수량을 쏟아내고, 동절기에는 거대한 얼음폭포가 된다.

폭포에 가까이 다가서자 그 넓은 황하의 수면이 싱크홀로 빨려 들어가는 것 같다. 엄청난 물살이 뿜어내는 물안개가 여행객들의 옷을 흥건하게 적신다. 싯누런 물이 쏟아지는 굉음 때문에 옆 사람과 이야기를 나누기도 힘들 정도다. 장관이다. 후커우 폭포의 거센 흐름이 역사의 물결로 보이기도 한다. 역사의 물결은 때로 고요하게 흐르지만 조금도 비켜갈 수 없고, 감히 거역할 수 없는 폭포수처럼 쏟아지기도 한다. 역사 속의 개인은 암벽 아래로 낙하하는 물살 속의 모래알 정도의 대접이라도 받을 수 있는 존재인지……. 이연의 탄식을 되짚어 본다. 그 역시 탁발선비 천년 역사의 거센 물결에 실려 황하의 물이 폭포로 쏟아지듯 호한융합의 마지막 고비에 떨어지면서 물살을 헤쳐 나간 것은 아닐까.

후커우 폭포에서 나온 일행은 지현(吉縣)을 거쳐 린펀으로 돌아왔다. 이제 다시 이연의 당군 진격 노선에 따라 신장현(新絳縣, 당시 강주絳州)으로 이동했다. 이연의 당군이 이곳을 통과한 것은 617년 8월 19일이다. 이곳에서 강주대당(絳州大堂)을 찾아보기로 했다. 강주대당은 당나라 시대에 조성된 이 지역 관아로, 현재 건물은 원나라 시대에 중수한 것이라고 한다. 당 태종 이세민이 고구려 정벌을 위해 대장군 장사귀(張士貴)에게 명하여 초병처(招兵處)를 설치하고 군사를 모았던 곳이기도 하다.

강주대당이 있다는 신장중학교를 찾아갔다. 신장현 신도시 청사

황하의 거센 흐름이 담긴 후커우 폭포

옆에 중학교가 있었다. 하지만 강당은 없었다. 이곳은 신축 교사(校舍)에 불과하고 강주대당은 구시가지 옛 학교 자리에 있다는 것이다.

우리는 다시 구도시 신장현으로 발길을 돌렸다. 도시 중심부지만 현지인에게 몇 번이나 물어본 다음에야 구(舊)신장중학교를 찾을수 있었다. 막상 찾아보니 정문 현판도 모두 떼어 낸 상태였다. 교사는 모두 철거된 듯 담장 일부만 남았고, 운동장은 발굴한 상태 그대로였다. 그보다 더 안쪽에는 넓은 차양막이 설치되어 있으나 제대로보이지 않았다. 마침 지나가던 마을 사람이 우리를 보고 안쪽으로들어가는 길을 알려 주었다. 골목길을 지나 무너진 담장을 넘어 학교터 안의 차양막 안쪽에서 강주대당을 볼 수 있었다. 강주대당 앞공터 발굴 작업이 끝났기 때문에 마을 사람들이 무너진 담장을 넘어왕래하고 있었던 것이다.

강주대당은 중국에 현존하는 주부관아(州府官衙)로는 가장 큰 건축물이라고 한다. 동서 29.2m, 남북 15.4m이다. 굵은 나무 기둥을 만져 보았다. 칠은 퇴색됐지만, 건물 규모는 물론, 그 안에 담긴 세월까지 느껴지는 듯했다. 강주대당의 앞마당은 1m 정도의 깊이로 발굴되었다.바깥쪽 대형 입간판에는 이곳을 강주주부 문화경구(絳州州府 文化景區)로개발한다는 안내문이 쓰여 있었다. 중국은 발굴을 통해 과거사를 사학으로 정립하고, 복원의 이름 아래 관광지로 탈바꿈시키고 있는 듯하다. 역사야말로 중국의 가장 훌륭한 관광 사업 테마이다.

강주대당을 둘러본 다음 날인 답사 23일 차, 우리는 산시성 융지

강주대당 앞마당 발굴 현장

시(永济市)의 포주고성(蒲州古城)을 둘러보았다. 이연의 당군은 617년 9월 16일 이곳에 도착했다. 당군은 황하를 건너야 했다. 황하를 건너면 멀지 않은 곳에 수도 장안이 있다. 당군이 황하를 건너는 것은 곧 수나라의 목숨이 경각에 다다랐다는 뜻이다. 당군이 이곳에서 황하를 건넌 것은 9월 30일이다. 황하를 건너 동주(同州, 현 다리현大荔县)로 진격했다. 지난날 동위의 고환이 이곳에서 황하를 건너 서위의 우문태를 공격했으나 사원(沙苑)의 전투에서 대패한 현장이다.

융지시에서 황하를 건너는 뱃길이 없어 우회할 수밖에 없었다. 허진시(河津市)에서 하룻밤을 묵고 룽먼(龙门)에서 황하를 건너 섬서성 한청시(韩城市)로 갔다. 한청에는 《사기》의 저자이자 중국 역사학의 아버지 사마천의 묘와 사당이 있다. 전날 포주고성을 나와 산시성 윈청시(运城市)에 있는 북송 시대 역사가 사마광의 사당을 찾은 바 있으니 사성(史聖) 사마천을 어찌 그냥 지날 수 있겠는가.

사마천은 한청에서 태어나 한청에 묻혔다. 사당도 이곳에 있다. 묘 입구에는 '한태사 사마천 사묘(漢太史 司馬遷 祠墓)'라는 편액이 걸려 있다. 나는 4년 전에 이곳을 찾은 적이 있다. 룽먼에서 황하대교를 건너 고속도로를 달리다 보면 수십 미터의 사마천 동상이 멀리서도 잘 보인다. 중국은 무엇이든 크고 높고 넓게 그리고 많이 만드는 데 일

가견이 있다. 처음에는 낯설게 느껴졌지만, 이제는 눈에 익숙해져서 중국을 중국답게 드러내는 하나의 패턴이란 생각도 든다.

사마천은 지금으로부터 2,100년 전에 고대 중국의 3천 년 역사를 기전체 방식으로 기록한 방대한 역사서 《사기》를 저술했다. 130권, 글자 수 52만 6,500자에 달하는 엄청난 역사서이다. 한글로 바꿔 쓰면 200자 원고지 1만 장을 훨씬 넘는 엄청난 분량이다. 그 이후 중국에서는 새 왕조가 들어서면 전 왕조의 역사를 편찬해 오늘날 25사(史)에 이른다.

중국 역사 기록의 실질적인 시초는 사마천의 《사기》라고 할 수 있다. 중국이 수천 년의 역사를 거쳐 오늘날의 중국이 된 것은 지속적으로 축적해 온 역사 기록을 초석으로 삼고 있다 해도 과언이 아니다. 역사 기록은 수많은 사람의 다양한 사고방식과 그들이 벌인 수많은 일들을 종합해 일정한 세계관으로 체계화한 것이다. 과거의 기록 속에서 숙성시킨 현재의 생각으로 미래를 만들어 가는 것이 역사다.

사마천의 묘를 둘러보고 그의 동상과 마주했다. 마침 대학생들이 단체 관람을 마치고 사진 촬영을 하고 있었다. 사진 두세 컷을 찍어 주며 한국에서 온 중국 역사 기행 팀이라고 소개하자 큰 호기심을 보였다. 한국에 대한 호감도 있겠지만, 본인들이 역사학도였기 때문이었다. 박한제 선생을 소개하니 동작 빠른 친구가 인터넷에서 검색해 보고는 중국에서도 저명한 한국 역사가와 조우했다는 것에 매우 놀라워했다. 박한제 선생은 중국 바이두(百度) 백과사전에도 등재되어

사마천 사당

사마천 동상과 그 무덤

있고 호한체제에 관한 연구 논문도 중국에서 다수 발표한 학자다 보니 역사학도로서도 반가웠을 것이다.

당군은 황하를 건너 동주를 거쳐 617년 10월 10일 장안 외곽에 도착했고, 11월 15일 장안에 입성했다. 양주에 머무르고 있는 수 양제를 태상황으로 올리고 양유(楊侑)를 황제에 옹립했다. 수나라는 이미 절명한 것과 다름없었다. 이렇듯 반군이 황권을 장악하여 아랫돌을 빼서 윗돌을 괴는 동안, 수 양제 양광은 강도(江都, 현 양저우)에서 강박에 빠져 주색에 탐닉했다. 618년 강도의 식량이 소진되고 병사들까지 크게 동요하자 일군의 무장들이 우둔위장군 우문화급을 수령으로 추대한 후 호위대와 함께 궁중 반란을 일으켰다. 수 양제는 현장에서 자식이 참수되는 것을 지켜본 뒤, 본인 역시 부하들 손에 목졸려 죽었다. 수 문제 양견은 북주의 종실인 우문씨를 모두 주살했는데, 종실의 후예는 아니지만 글자로는 동성(同姓)인 우문화급에게 살해되었다. 이 역시 역사의 되갚기가 아니겠는가.

이연은 수 양제가 죽자 618년 5월 자신이 옹립했던 양유를 폐출하고 황위에 올랐다. 드디어 당의 시대가 도래한 것이다. 제국으로 가는 긴 여정은 당을 건국함으로써 제국의 서막을 대내외에 선포한 것이다.

북방기행 16

대당서시

호한융합의 꽃,
장안의 봄, 장안의 밤

건릉의 육일번신상

답사 24일 차,

탁발선비 천년 역사의 종착지인 장안으로 입성하기 전에 셴양으로 향했다.

이곳에서 곽거병 묘의 마답흉노상과 건릉의 육일번신상을 본 후

드디어 때당제국의 수도 장안으로 들어갔다.

시안시 서남부, 원래 서시가 위치했던 자리에 복원 중인 때당서시를 둘러보며 긴 여정을 마무리했다.

이연의 반군은 태원에서 기병하여 수나라의 수부(首府) 장안을 점령함으로써 대당제국을 세웠고, 장안에서 화려한 역사를 꽃피웠다. 우리 일행은 탁발선비 천년 역사의 종착지인 장안(현 섬서성 시안)으로 입성하기 전에 셴양으로 향했다. 이곳에서 약탈과 굴종으로 이어진 흉노의 역사와 호한융합을 개창한 탁발선비의 역사를 보여 주는 독특한 석상을 찾아보기 위해서였다.

답사 24일 차, 태원기병 답사를 마치고 셴양 공항 인근의 숙소를 찾아갔다. 숙박비가 저렴하다 싶었더니 철거민 아파트를 개조한 어설픈 빈관이었다. 그러나 이미 늦은 시각에 도착한지라 하룻밤을 묵을 수밖에 없었다. 무엇이든 제값은 있는 법이다. 공항 근처의 상급 호텔은 꽤 비싼 터라 다소 저렴한 숙소를 잡는다는 것이 그만 어긋나고 말았던 것이다.

다음 날 아침, 두 기의 석상을 찾아 나섰다. 하나는 마답흉노상(馬踏匈奴像)이고, 다른 하나는 육일번신상(六一蕃臣像)이다. 마답흉노상은 한 무제 무릉(茂陵)의 배장묘로 조성된 곽거병의 묘에 그의 공적을 기리는 뜻에서 조성한 석상이다. 육일번신상은 당 고종 이치와 무측천 부부의 능침인 건릉(乾陵)에 조성된 석상 중 하나다.

먼저 무릉의 곽거병 묘를 찾아갔다. 이른 아침이라 그런지 관람객은 거의 없었다. 주변은 물론, 능 내부는 말끔하게 관리되고 있었으나 왠지 모를 적막감이 감돌았다. 정문 앞에 서 보니 거대한 봉분이 가로막는 느낌이었다. 봉분 크기에 압도되어 위축되지 않을 수 없었다. 가까이 다가가면서도 그 막막함은 그대로였다. 왜 이런 느낌이 일었는지는 무릉에 대한 안내문에서 확인할 수 있었다.

무릉은 황제의 여러 능묘 중 기록할 만한 것들이 가장 많다는 설명이 있었다. 능묘 조성 기간 53년, 매년 국세의 3분의 1 이상을 들인 조성비, 능침 관리를 맡은 능읍의 인구 27만 7천여 명, 배장묘의 기수 60여 개 등등 최장, 최대, 최다 기록을 차지하고 있다. 40여 년간 정벌 전쟁만 고집하다 선조들로부터 축적되어 온 국력을 깡그리 탕진했던 무제는 자신의 무덤을 위해서도 상당한 국부를 쏟아부었던 것이다. 전쟁과 그의 무덤에 비치는 백성이 과연 사람이기는 한 것인가. 그저 두 발로 걸을 수 있는 인간 노예가 아니었을까. 자신이 벌였다가 포기한 그 전쟁과 이 무덤이 자신에게는 또 무슨 의미란 말인가. 무릉에 들어설 때 느낀 적막감은 이런 역사에서 나온 것이었다.

한 무제의 무릉

씁쓸한 심정으로 무릉을 나와 곽거병의 묘를 찾아갔다. 바로 2*km* 거리이다. 봉분 앞에 있는 마답흉노상, 즉 흉노인이 말에 짓밟히고 있는 이 유명한 석상은 쉽게 찾을 수 있었다. 짓밟힌 흉노인은 죽어 가면서도 창을 움켜쥔 채 말의 배를 찌르고 있다. 처절한 전투를 묘사한 석상이다. 그런데 그 말에 한나라 병사가 타고 있는 것은 아니다. 그래서 더 잔인한 느낌이 들었다. 사람이 아니라 동물을 동원하여 죽인 것이다.

흉노는 북방 초원에 군사적으로 강력한 제국을 세웠다. 그들은 부족한 물자를 남방에서 조달해야만 했다. 명색이 조달이지, 일방적 약탈이거나 불공정한 교역이었다. 약탈은 그들에게 비즈니스 모델이었다. 흉노의 생존 방식은 중원에는 공포였다. 한 고조 유방부터 한 무제 직전까지의 다섯 황제들은 화친이란 이름으로 대응했다. 말이 화친이지 흉노가 요구하는 물품 목록에 황실의 공주까지 추가하여 진상하는 '퍼 주기' 방식으로 피탈과 전쟁을 회피했다. 그러나 화친을 통해 충분한 국력을 비축했다고 판단한 패기 넘치는 한 무제는 선대 황제와는 다른 방식으로 대처했다. 굴욕적인 조공을 중단하고 사생결단의 전쟁을 벌였던 것이다. 이런 남북 대결의 공포와 흉노 정벌의 희원이 마답흉노상에 고스란히 담겨 있다. 오죽했으면 군사가 아닌 군마가 흉노인을 짓밟는 것으로 묘사했을까.

한편으로는 다른 생각도 떠올랐다. 역사는 대결 국면을 힘겹게 거쳐야만 공존하는 것이 낫다는 상식을 터득하는 것 같다. 서로 다름

곽거병 묘

군마가 흉노인을 짓밟는 장면을 묘사한 마답흉노상

에 대한 이해와 관용은 집단적 이해관계의 충돌 앞에서는 무기력한 독백인지도 모른다. 마답흉노상은 남과 북, 농경과 유목, 한나라와 흉노의 극단적인 이해관계의 충돌을 보여 준다.

곽거병의 묘에서 나와 건릉으로 갔다. 건릉은 무릉에서 서북으로 40여km 떨어진 곳이다. 가을이지만 뜨거운 햇살이 들판을 뒤덮어 일행들의 발걸음을 더디게 했다. 건릉은 셴양시 첸현(乾县) 양산(梁山)에 조성되어 있다. 인위적으로 쌓아 올린 봉분인 무릉과는 달리 산봉우리 자체를 봉분으로 삼아 조성한 것이다. 이는 백성의 노역을 크게 줄일 수 있는 방법이었다. 53년간 국세의 3분의 1을 쏟아 조성한 무릉과는 분묘 조성법의 발상 자체가 다르다는 것이 가슴으로 먼저 느껴졌다.

건릉 입구에서 분묘로 올라가는 긴 신도(神道) 좌우에 수많은 석상들이 늘어서 있다. 그 가운데 육일번신상(六一蕃臣像)이 있다. 서편에 32개, 동편에 29개, 총 61개 석상이 오와 열을 맞춰 세워진 독특한 석상이다. 당나라 주위의 여러 민족과 사신들이 당 고종의 서거에 맞춰 조문하는 형상이라는 설이 있다. 혹자는 당나라와 우호 관계에 있던 주변국의 조문 사신이거나 당나라가 지배했던 당시의 주변 속국을 나타낸 것이라는 등 시각에 따라 약간씩 다른 해석들이 있다.

당 고종 이치와 무측천 부부의 능침인 건릉

그러나 그것은 본질이 아닌 것 같다. 육일번신상은 마답흉노가 보여 주는 극단적인 적대 관계가 아니라 상호 교류하는 관계를 보여 주는 의미로 해석하는 것이 온당할 것이다. 호와 한의 융합 과정을 통해 탄생한 대당제국은 주변국과 상생 체제를 바탕으로 한 제국이었음을 보여 준다. 무력을 내세워 강압적으로 억누르고 위엄만 부린다면, 그것은 패권국가에 지나지 않는다. 이와는 반대로 다양한 민족과 국가가 서로 공존하면서 무대와 시장을 제공하는 국가야말로 진정한 제국이라는 것이다.

신라의 최치원 등 유학파와 일본 승려들이 대당제국 장안으로 몰려들었다. 동방에서만이 아니다. 남과 북 그리고 서역을 통해 많은 사람들이 운집했다. 한나라 시대의 장안은 유목 민족에게는 약탈 목표였다. 주변국 사람들도 일을 마치면 미련 없이 자국으로 돌아가는 덩치 큰 나라의 수도에 불과했다. 그러나 대당제국의 장안은 달랐다. 서로 다른 나라 사람들이 서로 다른 언어와 문화, 재화를 싣고 들어와 융합하고 있었던 것이다. 그래서 대당제국이란 말을 사용할 수 있는 것이 아니겠는가.

그렇게 발전한 동아시아의 문명은 더욱 많은 사람을 끌어들였다. 선진 문명을 공부하려고 외국 유학생들이 몰려들었다. 일부는 귀국을 마다하고 당에 정착하여 출셋길을 걷기도 했다. 상인, 승려, 유민도 마찬가지였다. 이런 현상은 이전 중국사에는 없었던 현상이었다. 당 대의 장안은 세계 최고의 도시였다. 당시 로마 제국의 수도 로마

서편 32개, 동편 29개, 총 61개 석상이 오와 열을 맞춰 세워진 육일번신상. 훗날 전란 중에 머리 부분은 모두 훼손됐다.

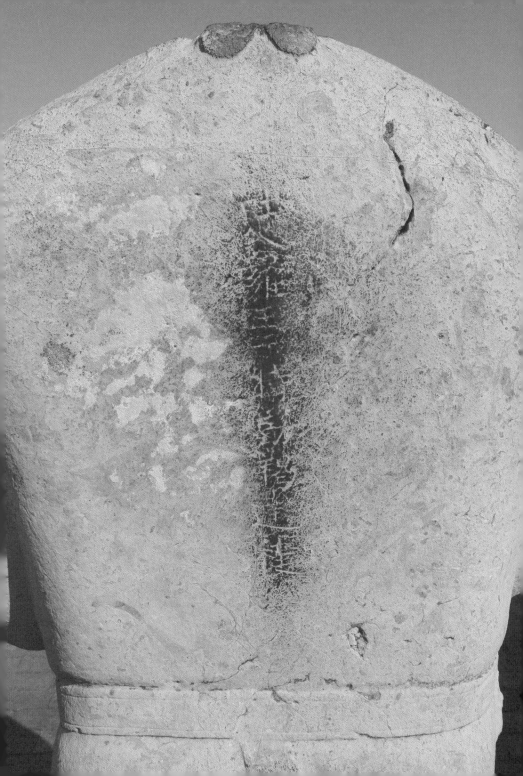

건릉에서 내려오는 길

는 북에서 밀려 온 게르만족에 휘말려 초라한 몰골로 퇴행을 거듭
하다가 땅바닥에 주저앉았다. 장안이 백만 인구를 자랑할 때 로마는
고작 십만 인구에 지나지 않았다. 동로마의 이스탄불 역시 서아시아
에서 가장 큰 도시였으나 장안에 비교할 바는 아니었다. 이것이 대
당제국의 영화요, 호한융합의 힘이고, 탁발선비 천년 역사의 종착점
이다.

이튿날, 마지막 여정으로 서시(西市)를 찾았다. 수도 장안에는 동시
와 서시, 두 개의 큰 시장이 있었다. 동시는 국내 시장, 서시는 국제
시장이었다. 실크로드가 국제 교역로 역할을 수행했으니, 시장이야
말로 출발점이자 종착점이었다.

다싱안링 삼림 속 알선동에서 시작된 탁발선비 천년 역사는 호한
융합을 향하는 맥으로 전개되었다. 호한융합이 궁극적으로 개화시
킨 새로운 역사 문화는 남북 융합을 발판으로 일어난 유라시아 동서
의 교역이라 할 수 있다. 그것이 바로 대당제국 수도인 장안의 국제
시장 서시가 아니겠는가. 게다가 유라시아의 실크로드는 당 대에 가
장 번성했으니.

이미 1,500년이 지난 지금, 그때 시장은 흔적조차 제대로 남아 있
지 않다. 중국은 시안시 서남부, 원래 서시가 위치했던 자리에 실크

1,500년 전 대당서시의 모습을 복원 중이었다.

대당서시박물관

로드 문화와 성당(盛唐) 시기의 상업 문화를 보여 주는 대당서시(大唐西市)를 복원하고 있다. 복원될 서시는 당 대 서시와 동일한 형태이다. 동서와 남북을 잇는 두 길을 축으로 아홉 개의 장방형 방(坊)으로 구분된다. 대당서시라는 이름의 고급 호텔, 대당서시박물관, 광장 그리고 상가로 조성되어 있다.

1차 개발 사업이 완료된 현재, 대당서시박물관과 5성급 호텔, 멋있는 실크로드 조형물이 서 있는 광장이 여행객의 눈을 단번에 사로잡는다.

서시가 있던 자리에 세워진 대당서시박물관은 전면이 오각형으로 된 현대풍의 건축물이다. 박물관 입구에는 서시 유지임을 알려 주는 표지석도 있다. 박물관 앞에는 이곳이 실크로드의 시발점이었음을 상징하는 조형물이 세워져 있다. 박물관 안으로 들어서면 투명한 발판 아래 당시 도로와 교량의 발굴 흔적도 볼 수 있다. 2~3m 깊이에 묻혀 있던 십자가(十字街) 일부를 발굴해서 실물로 보여 준다.

박물관 1층에서는 도예 전시회가 열리고 있었다. 중국 도예 작품 중 실크로드를 연상시키는 작품들이 눈길을 끌었다. 그중 당대 유행했던 호선무(胡旋舞)를 묘사한 것이나 눈썹이 짙고 코가 오뚝한 서역 사람들도 있었다. 아예 서양의 소녀를 묘사한 작품도 있었다.

광장에서는 사로악무(絲路樂舞)라는 큰 청동상이 눈에 띈다. 높이만 해도 9.27m이고 기대까지 포함하면 14.88m인데, 두 조형물이 짝을 이루고 있다. 낙타 등에 무대를 얹고, 무대에는 호선무를 추는 호희

박물관에 전시 중인 현대 작가들의 작품

(胡姬)를 중심으로 악사들이 빙 둘러앉아 있다. 푸른 눈의 잘생긴 호희가 요염하게 허리를 드러내고 춤을 추는데 생동감이 넘친다.

대당제국의 화려함, 곧 장안의 일면을 보여 주는 것은 서역 여성들이 술 손님을 맞는 호희주사(胡姬酒肆), 곧 술집이다. 장안의 서시에는 객사와 주점이 즐비했다. 주점가에서는 로마의 예술과 비잔틴 양식의 건축, 그리스의 화염처럼 생긴 인도화 문양 등을 쉽게 볼 수 있었다. 인도의 곡예, 마술 역시 장안의 구경거리였다. 중앙아시아나 서아시아 출신 여성들이 이국적 풍모로 애주가들을 유혹했다.

시인 이백도 장안 찬가에서 '오릉의 청년들이 은빛 안장에 백마를 타고 낙화를 밟으며 호희주사로 들어간다'라고 노래했다. 신라 유학생 최치원도 서시의 호희주사 거리를 기웃거렸을 것이고, 일본 승려 엔닌(圓仁)도 이 거리에서만큼은 시선을 제대로 가누지 못했을 것이다. 사마르칸트에서 온 상인들은 양털, 비취와 보석을 팔아 호희에 둘러싸인 채 비싼 포도주에 취하곤 했을 것이다.

대당제국의 장안은 세계를 향해 문을 열었고, 세계인들은 장안을 무대로 국제 무역과 문화 활동에 동참했다. 백만 인구가 있는 당시 세계 최대의 도성이었고, 세계사의 중앙 무대였다.

이렇게 장안이 대당제국의 봄과 장안의 밤을 꽃피운 지 1,500년가량이 흘렀다. 답사 일행은 서시를 복원한 대당서시 광장에서 탁발선비 역사기행을 마쳤다.

이튿날, 일행들은 모두 귀국했다. 그리고 나는 하얼빈으로 돌아가는 차량에 몸을 싣고 베이징으로 향했다. 효문제의 장릉 등 몇 군데를 답사하고 베이징에 도착한 날은 서울을 떠난 지 33일째 되는 날이었다. 하얼빈에서 출발하여 북으로 다싱안링 산맥을 넘어 북방 초원에 내려서서 초원의 길을 길게 훑은 다음 중원 구석구석을 찾아다닌 긴 여정을 마치고, 다시 베이징까지 답사하면서 차로 이동한 거리는 9,300km였다.

답사기를 마무리하면서

2014년 초, 59일 동안 마오쩌둥의 대장정 답사여행을 마친 뒤 7개월의 연재를 거쳐 그해 11월에 단행본을 냈다. 그때 다시는 이런 일을 벌이지 않으리라고 다짐했다. 여행은 너무 흥미로웠다. 그러나 전문 연구자도 아닌 일개 행자(行者)가 여행 기록에 당대 역사를 추려서 글과 사진으로 버무린다는 것은 분수에 넘치는 일이었다. 자문을 구할 사람도 인연이 닿지 않았다. 그저 혼자 읽고 혼자 음미하고 혼자 정리하다 보니 힘에 부쳤던 것이다.

그런데 또다시 '탁발선비'라는 일을 내 손으로 벌이고 말았다. 다행인 것은 답사여행에 중국사 최고 권위자인 박한제 선생님이 함께 했다는 것이다. 길 위, 식탁, 유적지 등 어디에서든 자연스럽게 현장 강의가 이어졌다. 소수 인원이 동반했으니 그 자체로도 아기자기한 최고의 여행이었다. 귀국한 다음 박한제 선생님은 이런 여행이 앞으로도 없을 것이니 기록으로 꼭 남기라고 수차례 격려해 주셨고, 〈주간조선〉 정장열 부장까지 가세하는 바람에 나는 또다시 용기를 내서 글로 종합하기로 한 것이다. 마침 진경환 한국전통문화대학 교수

가 주선하여, 그 학교의 외래교수 숙소를 제공받아 겨울방학 3주간 조용한 캠퍼스 안에서 도서관을 오가며 글쓰기에 집중할 수 있었다. 그 덕분에 〈주간조선〉에서 17회 연재를 큰 탈 없이 마칠 수 있었다.

연재했던 글을 추려 단행본으로 내는 것은 또 다른 과제다. 블로그라면 일부러 찾아와서 보고 지나칠 따름이다. 그러나 책이란 내 손을 떠난 글이 출판사를 거쳐 독서 시장에 공개되는 것이고, 훗날까지 도서관에 남는 것이다. 내 것이면서 더는 내 것이 아닌 셈이다. 내용이 전체적으로 부실하지 않은지, 수백 가지의 역사 사실을 언급하는 데 오류는 없는지, 역사를 음미하는 내 소견이 편협한 것은 아닌지……. 그저 걱정이 태산일 뿐이다.

다만 연구자가 아닌 독자로서 역사를 읽고, 그것을 토대로 역사의 흔적을 찾아가는 여행을 하고, 여행에 역사를 담고 역사에 기행이란 토핑을 얹어 답사기로 남기는 것도 조그만 의미가 있으리라 생각했다. 그리하여 태산 같은 걱정을 무릅쓰고 에필로그를 쓰는 단계까지 온 것이다.

과분한 일을 벌였으나 마무리까지 오게 된 것만으로도 감사해야 할 분들이 많다.

박한제 선생님은 6년 전에 시작된 이 답사여행의 모티브였고, 현지답사는 물론, 답사기로 정리하는 모든 과정에서 '선생님'이셨다. 나는 학비 한 푼 내지 않고 부담만 드린 '학생'이었다. 선생님은 당신의 지갑을 열어 낙성대 인근의 맛집 순례까지도 시켜 주셨으니…… 글로 정리하는 동안 박한제 선생님과는 여러 번의 이메일을 주고받았다. 그 가운데 짧은 소회를 내게 전했다.

역사의 현장을 찾는 것은 언제나 설레는 일입니다. 책에서만 느낄 수 없는 현장감을 만끽할 수 있지요. 현장을 버린 역사 연구는 진실의 반을 포기한 것입니다.

역사 현장을 찾아가는 노학자의 간결한 소회는 더욱 묵직하게 느껴졌다. 이 자리를 빌려 박한제 선생님께 '선생님을 뵙는 마음'으로 깊은 감사의 말씀을 드린다.

답사여행의 동반자들은 여행을 풍성하게 해 준 귀한 응원단이었다. 30일 휴가를 내서 하얼빈부터 시안까지 전 여정을 함께한 오무근 님, 탁발선비의 2차 남천에서 나타난 천녀처럼 '초원의 하늘'에서 내려와 합류한 엄문희 님, 톈진 메이장 중학교 교장의 바쁜 일정에도 '초원의 폭우'를 뚫고 달려와 친구를 응원해 준 연규승 님, 일 년

에 한 번은 함께 여행해야 한다고 기꺼이 동반한 '미식가' 최치영 님, 보이차에서 오디오에 이르기까지 '멀티풀 전문가'의 역량으로 건조하기 쉬운 역사기행을 부드럽게 만들어 준 인성배 님, 한 분 한 분에게 모두 깊은 감사의 말씀을 드린다.

이전에도 글을 집중적으로 쓰는 일이 없지는 않았으나 이번에는 워낙 역사의 기초가 부실한 상태에서 써야 하는 처지라 작은 공간에 나를 가두는 방법을 시도하려고 했다. 때맞춰 어쭙잖은 여행객의 글쓰기를 걱정해서 집필과 독거의 공간을 마련해 준 진경환 님과 한국전통문화대학 관계자분들께 감사의 말씀을 드린다. 박한제 선생님이 나를 학생으로 돌아가게 해 주었다면, 진경환 님은 나를 캠퍼스로 돌아갈 기회를 만들어 주었으니 이 어찌 행복하지 않았겠는가.

중국학센터의 김월회, 리무진, 민정기, 서성, 임대근, 조관희, 홍상훈, 홍승직 교수 등 여덟 친구는 내 일상의 중국학 선생님들이다. 심야에 불현듯 SNS로 하는 질문에도 기꺼이 답을 해 주고, 어설픈 번역문을 세심하게 고쳐 준 것이 한두 번이 아니다. 그동안 말로 표현하지 못한 감사의 마음을 이 지면을 빌어서 고맙다고, 한 자 한 자 꼭꼭 눌러 쓴다.

〈주간조선〉의 정장열 님과 최준석 님, 중국 기행과 관련해서 음식기행과 민가 기행에 이어 탁발선비 답사기까지 연재 기회를 열어 준 두 분께도 깊은 감사를 드린다. 나의 글쓰기가 음식 기행을 하던 때보다 약간이라도 나아진 것이 있다면, 이것은 두 분 편집자의 세심

한 과외 덕이 아닐 수 없다.

척박한 출판 환경에도 나의 글을 기꺼이 책으로 엮어 준 청아출판사 여러분들에게도 미안함과 큰 고마움을 함께 전한다.

언제부턴가 아들에서 응원단으로, 응원단에서 다시 친구가 되어 주는 뉴욕의 큰 아들 두영과 서울의 작은 아들 채영에게도 변함없이 감사하다는 말을 전한다.

몇 년 전 내가 낸 첫 번째 단행본 서문에 '내가 스스로 한 일 가운데 가장 잘한 일은 이분을 마님 자리에 모셔온 것'이라고 했던 아내 김현란에게 변함없는 사랑과 감사의 마음을 전하고자 한다. 2년 전 또 다른 에필로그에서 '이제는 둘이 한 배낭을 꾸릴 때가 된 것 같다, 인문기행 세계일주로!'라고 멋지게 쓴 약속은 아직 실행하지 못했다. 탁발선비 답사가 있었고, 그다음에도 실크로드 여행이 여러 차례 끼어들었을 뿐더러 2015년과 2016년에는 중국 대륙 곳곳에 남아 있는 독립운동의 흔적을 찾아다녔기 때문이다. 그나마 얼마 전부터 2018년 8월에 끝나는 가족 공동 적금을 시작했으니 두 아들과 함께 2018년 9월에는 세 윤 씨가 합동으로 '마나님'을 캠핑카에 태워서 갈 미국 대륙 횡단여행이 좀 더 구체화된 셈이다. 이것으로 지면상의 약속을 지켜 가고 있는 것으로 갈음해 주기를, 감히 부탁하려 한다.

2016년 12월 어느 날 저녁

암사동에서 윤태옥

| 참고 문헌 |

가와스키 요시오(임대희 옮김), 《중국의 역사 위진남북조》, 혜안, 2004

김선자, 《중국 소수민족 신화기행》, 안티쿠스, 2009

김호동, 《몽골제국과 세계사의 탄생》, 돌베개, 2010

노간(김영환 옮김), 《위진남북조사》, 예문춘추관, 2000

니시노 히로요시(김석회 옮김), 《말과 황하와 장성의 중국사》, 북북서, 2007

박원길, 《유라시아 대륙에 피어났던 야망의 바람》, 민속원, 2003

박한제, 《강남의 낭만과 비극》, 사계절, 2005

박한제, 《대당제국과 그 유산》, 세창출판사, 2015

박한제, 《영웅시대의 빛과 그늘》, 사계절, 2004

박한제, 《제국으로 가는 긴 여정》, 사계절, 2005

이공범, 《위진남북조사》, 지식산업사, 2011

일본동아연구소 편(서병국 옮김), 《북방민족의 중국통치사》, 한국학술정보, 2003

장진퀘이(남은숙 옮김), 《흉노 제국 이야기》, 아이필드, 2010

잭 웨더포트(정영목 옮김), 《칭기스 칸 잠든 유럽을 깨우다》, 사계절, 2005

대당제국의 탄생

초판 1쇄 인쇄 · 2016. 12. 21.
초판 1쇄 발행 · 2016. 12. 30.

지은이 · 윤태옥
발행인 · 이상용 이성훈
발행처 · 청아출판사
출판등록 · 1979. 11. 13. 제9-84호
주소 · 경기도 파주시 회동길 363-15
대표전화 · 031-955-6031   팩시밀리 · 031-955-6036
E-mail · chungabook@naver.com

ISBN 978-89-368-1098-6   03900

* 잘못된 책은 구입한 서점에서 바꾸어 드립니다.
* 본 도서에 대한 문의 사항은 이메일을 통해 주십시오.

이 도서의 국립중앙도서관 출판예정도서목록(CIP)은 서지정보유통지원시스템 홈페이지(http://seoji.nl.go.kr)와 국가자료공동목록시스템(http://www.nl.go.kr/kolisnet)에서 이용하실 수 있습니다.(CIP제어번호: CIP2016031292)